AF568607

Die Lehren des **TALMUD**

Rabbinische Weisheit für Alltag und Leben

Herausgegeben vom Zentralrat der Juden in Deutschland
Bearbeitet von Jehoschua Ahrens

Inhaltsverzeichnis

ABERGLAUBE

FRAUEN

ZWISCHENMENSCHLICHE BEZIEHUNGEN

FAMILIE

LERNEN UND STUDIEREN

GROSSE GELEHRTE

PROPHETEN UND KÖNIGE

NATUR UND UMWELT

TIERE

ESSEN UND TRINKEN

GESUNDHEIT

Geleitwort

Liebe Leserinnen und Leser,

in Ihren Händen halten Sie geballte Weisheit – die Weisheit der Auslegungen unserer großen Rabbinen, die im Talmud niedergeschrieben ist. Sie fußt auf den Diskussionen und Interpretationen unserer Vorfahren, die schließlich zu der Rechtsauslegung geführt haben, die wir heute als Halacha, das jüdische Religionsgesetz, kennen.

Einen Teil dieser Diskussionen und Interpretationen haben wir für Sie in diesem Band ausgewählt und zusammengestellt. 75 Kolumnen in 14 Kapiteln befassen sich mit unterschiedlichen Fragestellungen: Der Böse Blick, die sogenannte Goldene Regel, Alkoholkonsum an Purim, die Weisheit der Frau und vieles mehr wird aus der Warte des Talmuds diskutiert. So kurios einiges anmuten mag: Wie allumfassend und wegweisend der Talmud ist, können wir (nicht nur) an den Beiträgen in diesem Band erkennen. Dass viele der talmudischen Lehren uns auch heute noch zu einem guten und gerechten Leben leiten, zeigt, wie aktuell die in ihm enthaltenen Weisheiten sind.

Alle der in diesem Band abgedruckten Kolumnen sind in den vergangenen Jahren in der Reihe »Talmudisches« in der Jüdischen Allgemeinen erschienen. Den Autorinnen und Autoren möchte ich für ihre kreative Auseinandersetzung mit den Themen und Herrn Rabbiner Ahrens herzlich für seine akribische Arbeit in der Auswahl und Bearbeitung der Texte danken.

»Wer ist weise? Der von jedem Menschen lernt«, heißt es in den Sprüchen der Väter. In diesem Sinne wünsche ich Ihnen eine anregende Lektüre!

Dr. Josef Schuster
Präsident des Zentralrats der Juden in Deutschland

Einleitung: Was ist der Talmud und wie ist dieses Buch zu lesen?

Jede*r kennt die Bibel. Der erste Teil bildet in der jüdischen Tradition die Tora, die fünf Bücher Mose, und ist als Gottes Wort und Offenbarung vom Berg Sinai von zentraler Bedeutung. Tora bedeutet soviel wie Lehre, Überlieferung oder Unterweisung, also eine Art Anweisung Gottes, wie wir Menschen leben sollen. Alle Mizwot (Gebote und Verbote) und damit grundsätzlich alles, was für die jüdische Religionspraxis und die Halacha (das jüdische Religionsrecht) relevant ist, befindet sich in, bzw. kommt aus der Tora. Die fünf Bücher Mose haben auf Hebräisch auch den Namen Tora schebichtaw, d.h. schriftliche Lehre, was bereits andeutet, dass es noch eine weitere Version gibt, nämlich auch eine mündliche Tora (hebräisch Tora schebal Pe) die nach traditionellem Verständnis bereits am Berg Sinai von Mose empfangen und dann von Generation zu Generation weitergegeben wurde. Diese zweite, mündliche Offenbarung wird in der Bibel erwähnt: »Das sind die Gesetze und die Satzungen und die Lehren [hebr. Torot, plural von Tora] …« Nach den Rabbinern lehrt dies, dass »Israel zwei Torot gegeben wurden, eine schriftliche und eine mündliche …« Diese grundlegenden Einsichten der schriftlichen Tora und bestimmter Interpretationsregeln wurden dann generationsübergreifend überliefert und weiter systematisiert. Daraus entstand schließlich der Talmud. Zunächst entstand mit den sechs Ordnungen der Mischna um das Jahr 200 der erste Teil des Talmuds. Diese Überthemen wurden in Traktate unterteilt und dann in der Gemara, dem jüngeren Teil des Talmuds, weiterdiskutiert und schließlich zusammen als Talmud Anfang des 6. Jahrhunderts redaktionell abgeschlossen.

Der Talmud ist allerdings kein Gesetzbuch, sondern eher eine Sammlung von Rechtsdiskursen, philosophischen Reflexionen und verschiedenster Geschichten und Legenden (hebr. Aggada). Der Talmud ist wie eine Brücke, über die sich die Tora vom geschriebenen Wort zum lebendigen, konkreten Handeln bewegt. Der Talmud ist die Lebensweisheit der Anwendung der Tora im täglichen Leben des jüdischen Volkes. Sie macht damit Tora zu Torat Chajim, einer lebendigen Lehre.

Das Hinterfragen von Positionen und Meinungen und die Diskussion darüber gehören ganz selbstverständlich zum Talmud. Damit geht auch eine große Meinungsvielfalt einher. Selbst Minderheitenmeinungen bleiben im Korpus der mündlichen Tora enthalten. Diese Pluralität ist keine reine Theorie, sondern sie wurde und wird praktiziert. Ob rabbinische Schulen im Talmud oder verschiedene Gruppen innerhalb des Judentums heute, es gibt neben universal akzeptierten Grundsätzen teils sehr unterschiedliche Glaubenspraktiken und Bräuche.

Doch wie lese ich den Talmud? Was bedeutet das, was ich da lese?

Das vorliegende Buch ist ein Kompendium kurz und leicht verständlicher Texte als Schlüssel zur Welt der Rabbiner. Es ist thematisch unterteilt und die Texte können ganz unabhängig voneinander gelesen werden. Zur weiterführenden Information findet sich zu zentralen Begriffen des Talmud eine kurze Erläuterung im Glossar. Eine Liste der erwähnten Rabbiner von Talmud und Kommentaren ist dort ebenfalls nachzulesen. So bekommt der Leser, die Leserin, jeweils einen sehr guten Einblick in die talmudischen Diskussionen, manchmal ernst, manchmal unerwartet, aber auch lustig oder sogar etwas schräg. So wie das Leben und der Talmud eben sind.

FEIERTAGE

Der fünfte Becher am Sederabend: Woher der Brauch des Kos Elijahu kommt

Jehoschua Ahrens

Für uns ist es heute ganz selbstverständlich, dass wir am Sederabend einen zusätzlichen, fünften Becher Wein auf unserem Pessachtisch haben, den Kos Elijahu, den Becher für Elijahu, den Propheten. Woher kommt dieser Brauch, und was machen wir eigentlich mit diesem Becher und dem Wein darin?

Tatsächlich lesen wir dazu nichts in der Mischna. Dort heißt es im Talmud-Traktat Pessachim 117b: »Man schenke ihm den dritten Becher ein, und er spricht den Segen über das Mahl, alsdann den vierten, und er liest das Loblied zu Ende und spricht den Segen über das Lied. Zwischen jenen Bechern darf man, wenn man will, (noch außerdem) trinken, nicht aber zwischen dem dritten und dem vierten (Becher).« In der Mischna wird also kein fünfter Becher erwähnt. In der talmudischen Diskussion heißt es allerdings wenig später: »Die Rabbanan lehrten: Mit dem fünften Becher beendet man das Große Loblied, so Rabbi Tarphon. Manche sagen, man sagt stattdessen den Psalm 23 ›der Herr ist mein Hirte, mir wird nichts mangeln‹.«

Anschließend diskutieren die Rabbiner, was genau das Große Loblied (Hallel Hagadol) sei – niemand widerspricht allerdings, dass es einen fünften Becher geben soll. Es ist interessant, dass üblicherweise in den Talmud-Übersetzungen die genannte Barajta anders wiedergegeben wird: Der fünfte Becher fehlt. Bei den meisten Rischonim wird er jedoch zitiert. Liegt dem ein Fehler oder vielleicht eine Meinungsverschiedenheit zwischen den Tannaim zugrunde? So sehen es manche mittelalterlichen Kommentatoren. Der Ra'awad zum Beispiel meint, dass Rabbi Tarphon die vier Becher in der Mischna ablehne und für einen fünften spreche. Trotzdem gibt es nur vier Becher, denn die Halacha ist eben gemäß der Mischna.

Dem widerspricht der Ramban. Er sieht keinen Disput zwischen den beiden Meinungen. Für ihn ergänzt Rabbi Tarphon lediglich die Mischna um die Möglichkeit eines fünften Bechers, wenn das Große Loblied gesagt wird. Wenn jemand mehr als vier Becher Wein trinke, so der Ramban, sähe es so aus, als begänne er einen zweiten Seder – es sei denn, er sage das Große Loblied und zeige damit an, dass er den Seder einfach erweitere.

Aber darf ich den Seder einfach so um einen fünften Becher Wein und das Hallel Hagadol erweitern? Der Rosch ist ganz klar dagegen. Er verbietet mehr als vier Becher Wein, weil man in der Pessachnacht verpflichtet sei, die Geschichte vom Auszug aus Ägypten zu erzählen und über Pessach zu lernen. Wenn wir nun zu viel trinken, dann könnten wir müde werden und schlafen. Der Ran sieht dies ganz anders: Wer möchte, könne mehr Wein trinken. Es sei sogar eine Mizwa min hamuwchar, d.h. die Ausführung des

Gebotes in der bestmöglichen Art und Weise, einen fünften Becher Wein zu trinken und das Große Loblied zu rezitieren. Die Frage ist natürlich, ob der fünfte Becher Wein überhaupt zum Trinken gedacht ist. Tatsächlich haben das alle Rischonim so verstanden. Der Rambam zum Beispiel setzt »einschenken« automatisch mit »trinken« gleich. So wie der vierte Becher eingeschenkt und danach auch getrunken wird, so soll – optional – der fünfte Becher getrunken werden. Die Achronim aber sehen das anders. Rabbiner Jacob Joseph Reischer erwähnt zum ersten Mal in seinem Kommentar zum Schulchan Aruch, Chok Ja'akov, dass ein zusätzlicher Becher eingeschenkt, aber nicht getrunken werden solle – und er heißt Kos Elijahu. Einige zeitgenössische Rabbiner, wie Menachem Mendel Kasher, meinen, man solle den fünften Becher während des Seders trinken, so wie es auch im Schulchan Aruch stehe. Andere, wie Rabbiner Dow Lior, empfehlen hingegen, den Wein des fünften Bechers am Ende des Seders wieder zurück in die Flasche zu gießen oder für den Kiddusch des nächsten Tages zu verwenden.

Die erste Konvertitin: Warum wir an Schawuot das Buch Ruth lesen

Jehoschua Ahrens

Der Talmud gibt wieder, wie die Rabbiner und ihre Schüler in den ersten fünf Jahrhunderten unserer Zeitrechnung über die Tora diskutierten. Entsprechend selten kommen Frauen darin vor. Manchmal sind es aber gerade Frauen, die wichtige Grundlagen der religiösen Praxis mitgestalten. Das können zeitgenössische Frauen sein wie die Haushälterin von Rabbi Jehuda HaNassi, die uns einen wichtigen Grundsatz der Medizinethik lehrt, und manchmal sind es biblische Figuren. Dazu zählen Hannah, die das theoretische Fundament unserer heutigen Gebetspraxis legt, aber auch eine der Hauptpersonen von Schawuot: Ruth.

Schawuot ist unter anderem das Fest von Matan Tora, der Übergabe der Tora an die Israeliten. Das Buch Ruth lesen wir auch deshalb an Schawuot, weil so, wie wir als jüdisches Volk die Tora akzeptiert haben, auch Ruth die Tora und ihre Gebote annimmt. Ruth schafft damit einen wichtigen Präzedenzfall für den Übertritt zum Judentum. In Talmud-Traktat Jewamot 47a lesen wir über den Giur, die Konversion: »Die Rabbanan lehrten: Wenn jemand in der Jetztzeit Proselyt werden will, so spreche man zu ihm: ›Was veranlasst dich, Proselyt zu werden? Weißt du denn nicht, dass die Israeliten in der Jetztzeit gequält, gestoßen, gedemütigt und gerupft werden und Leiden über sie kommen?‹ Wenn er sagt, er wisse das und sei dessen gar nicht würdig, so nehme man ihn sofort auf.« Anschließend soll man ihn noch einige leichte und schwere Gebote lehren und darauf hinweisen, dass man bei Einhaltung der Gebote seinen Lohn und bei Übertretung der Gesetze seine Strafe erhält. Der Talmud fährt fort: »Jedoch (rede man) auf ihn nicht zu viel ein und nehme es mit ihm nicht allzu genau. Ist er einverstanden, so beschneide man ihn sofort … Und gleich nach seiner Genesung lasse man ihn (in einer Mikwe) untertauchen.« Eine Frau müsse nur in die Mikwe, erklärt der Talmud später.

Es stellt sich die Frage, warum man einem Übertrittskandidaten nicht besonders viel über das Judentum erklären muss und es auch sonst keine größeren Anforderungen an ihn gibt. Rabbi Elasar fragte spezifisch nach einem Schriftvers, der dieses Prozedere untermauere. Der Talmud bringt nun ein Gespräch zwischen Ruth und ihrer Schwiegermutter Naomi als Präzedenzfall. Nachdem ihr Mann und ihre Söhne gestorben sind, kehrt Naomi wieder zurück nach Israel. Sie fordert ihre beiden Schwiegertöchter auf, in ihrer Heimat Moab zu bleiben. Doch während die eine der Aufforderung nachkommt, bleibt Ruth bei ihrer Schwiegermutter und hält eine der beeindruckendsten Ansprachen des gesamten Tanach: »Wo du hingehst, da will auch ich hingehen; wo du übernachtest, da übernachte ich auch. Dein Volk ist mein Volk, und dein Gott ist mein Gott. Wo du stirbst, da sterbe ich auch, da will auch ich begraben werden«. Überraschenderweise heißt es darauf im Buch Ruth: »Als sie (Naomi) nun sah, dass sie (Ruth) fest darauf beharrte, mit ihr zu gehen, hörte sie auf, mit ihr zu reden.«

Naomi bleibt sprachlos? Für die Rabbiner ein klarer Hinweis, dass hier mehr dahintersteckt, eine weitere Ebene des Textverständnisses. Für sie war Ruths Rede kein Monolog, sondern ein Dialog mit Naomi: »Sie (Naomi) hatte zu ihr (Ruth) gesagt: ›Uns ist eine Schabbatgrenze (bezüglich des Laufens) gesetzt.‹ – ›Wo du hingehst, da will ich auch hingehen.‹ – ›Uns ist das Beisammensein (mit einem einzelnen Mann) verboten.‹ – ›Wo du übernachtest, da übernachte ich auch. – ›Uns sind 613 Gebote auferlegt.‹ – ›Dein Volk ist mein Volk.‹ – ›Uns ist der Götzendienst verboten.‹ – ›Dein Gott ist mein Gott.‹ – ›Vier Todesarten sind dem Gericht überwiesen worden.‹ – ›Wo du stirbst, da sterbe ich auch.‹ – ›Zwei Grabstätten sind dem Gericht überwiesen worden. – ›Da will ich auch begraben werden.‹«

Dieses Bekenntnis zum Judentum und seinen Geboten ist nicht nur für Übertritte relevant. Mit ihrer Hingabe zu unserer Tradition ist Ruth ein Beispiel für uns alle.

Der Schall der Trompete: Von lauten Klängen im Tempel zu Rosch Haschana

Netanel Olhoeft

»An Rosch Haschana spielt das Schofar länger als die Trompeten, da das Gebot des Tages das des Schofars ist. An Fasttagen aber wird das Schofar kürzer geblasen als die Trompeten, da das Gebot des Tages das der Trompeten ist.« So lesen wir im Talmud-Traktat Rosch Haschana 26b.

Den Reue erzeugenden Stoßtönen des Schofars, dem archaischen Instrument des Widderhorns, lauschen wir von Jahr zu Jahr aufs Neue. Doch den metallenen Trompeten, hebräisch »Chazozerot«, von denen in den Quellen der Tradition ausführlich berichtet wird, begegnet man seit der Zerstörung des Tempels in Jerusalem nicht mehr. Tatsächlich nehmen die aus Silber gefertigten Trompeten des Stiftszelts in der Tora aber einen nicht unbedeutenden Platz ein: »Und der Ewige sprach zu Mosche: Mache dir zwei silberne Trompeten, gehämmert mache sie, und sie seien dir, um die Gemeinschaft zusammenzurufen und um die Lager in Bewegung zu setzen.«

Neben dieser eher logistischen Funktion gibt die Tora auch noch einen weiteren, vielleicht bedeutsameren Gebrauchsgrund der Trompeten vor: Die silbernen Chazozerot dienen dem »Sikaron«, dem Erinnert- und Bedachtwerden vor Gott. So stellt die Tora in Aussicht, dass, wenn das jüdische Volk diese Trompeten in Notsituationen und über ihren Tempelopfern erklingen lasse, ihre Gebete wirkmächtiger erhört würden. Doch wie ist dies gemeint?

Das Prinzip des Sikaron begegnet uns auch anderswo in einem ähnlichen Kontext. Über den Hohepriester heißt es, dass er an seinem »Me'il«, einem seiner acht Kleidungsstücke, Glocken anbringen musste, »auf dass sein Klang vernommen werde, da er in das Heiligtum vor den Ewigen tritt und da er wieder hinausgeht, damit er nicht stürbe«, wie es in der Tora heißt.

Eine erste Lesart, die sich hier anbietet, ist, dass sowohl der Trompetenschall als auch der sanftere Glockenklang die Funktion haben, Gott auf die Anwesenheit der Menschen oder ihre Drangsal aufmerksam zu machen. Das Volk, das in seiner existenziellen Not fastet, oder der Hohepriester, der beim Betreten des inneren Tempels, wo Gottes richtendes Auge präsenter ist, befürchtet, er werde vielleicht nicht mehr lebendig herauskommen, helfen sich mit einer klanglichen Untermalung aus, die Gottes rettende Gnade evoziert.

Wie sollte man dies aber verstehen? Ist es etwa erst der brausende Lärm – oder das plötzliche Klingeln –, das den allhörenden Gott zum Horchen bewegt? Diese Annahme ist mit der Unendlichkeit des Ewigen schwer vereinbar. Zumal es ja gerade dies war, was der Prophet Elijahu den betenden Priestern des heidnischen Baal spottend vorwarf: »Ihr müsst lauter rufen! Vielleicht ist euer Gott gerade im Gespräch oder beschäftigt, möglicherweise ist er unterwegs oder schläft und muss erst aufwachen.«

Wegen des Prophetenwortes hat der Hohepriester Jochanan Hyrkanos im 2. Jahrhundert v.d.Z. auch untersagt, dass die Leviten im Jerusalemer Tempel den Vers aus Psalm 44 »Erwache, Ewiger, warum solltest Du schlafen?« rezitieren, da dessen Bildsprache vom einfachen Volk auf blasphemische Weise hätte missverstanden werden können, wie die Mischna erklärt. Aus diesem Grund hat die Tradition dieses durch die Trompeten ausgelöste Sikaron auch anders aufgefasst. So erklärt etwa das Sefer Hachinuch aus dem 13. Jahrhundert: »In den Stunden der Bedrängnis benötigt der Mensch eine gesteigerte Konzentration im Gebet. Daher wurde von der Tora angeordnet, die Trompeten in solchen Momenten schmettern zu lassen, da der Mensch als irdisches Wesen eines intensiveren Wachrüttelns bedarf. Außerdem vertreibt der Trompetenschall allerlei diesweltliche Angelegenheiten aus dem Herzen.«

Demnach diente der Trompetenklang also nicht einem »Erinnern« Gottes. Die Chazozerot halfen vielmehr unseren Vorfahren dabei, echte »Kawana«, Andacht, im Gebet zu erreichen.

Zwei Ziegenböcke: Über eine feierliche Zeremonie an Jom Kippur, bei der der Hohepriester zwei Lose zog

Yizhak Ahren

Seit der Zerstörung des Jerusalemer Tempels dürfen die in der Tora vorgeschriebenen Tieropfer nicht mehr dargebracht werden, und der Hohepriester (hebräisch: Kohen Gadol) kann an Jom Kippur seinen in der Tora beschriebenen Dienst im Tempel (hebräisch: Awoda) nicht mehr verrichten. Ein fester Bestandteil des Tempeldienstes an Jom Kippur war die feierliche Zeremonie, bei der der Hohepriester zwei Lose zog, die über das Schicksal der zwei Ziegenböcke entschieden, die sich im Vorhof befanden. Der eine Bock wurde im Heiligtum als Sündopfer (hebräisch: Chatat) dargebracht, der andere – oft »Sündenbock« genannt – wurde kurze Zeit danach fortgeschickt in die Wüste. Die Mischna schildert, wie die Auslosung erfolgte: »Der Kohen Gadol rührte in der Urne um und holte die zwei Lose hervor. Auf dem einen Los stand ›für Gott‹, auf dem anderen stand ›für Azazel‹. Der Priesterpräses stand zu seiner Rechten und der Obmann der Familienwache zu seiner Linken. Geriet das Los ›für Gott‹ in seine Rechte, so sprach der Priesterpräses zu ihm: Kohen Gadol, erhebe deine Rechte; geriet das Los ›für Gott‹ in seine Linke, so sprach der Obmann zu ihm: Kohen Gadol, erhebe deine Linke. Alsdann legte er die Lose auf beide Ziegenböcke«, so der Talmud in Traktat Joma 39a.

Der Talmud will wissen, warum das Umrühren in der Urne notwendig war. Seine Antwort – »damit er nicht ziehe und dann hervorhole« – bedarf einer Erklärung. Was für ein Interesse könnte der Hohepriester haben, das Ergebnis der Auslosung zu manipulieren? Es dürfte ihm doch völlig egal sein, welcher Bock wo landet. Raschi erläutert diese Antwort: Ohne Umrühren in der Urne könnte der Kohen Gadol die Wahl dahingehend beeinflussen, dass das Los »für Gott« in seiner Rechten landet – dies wäre ein gutes Zeichen! Durch diese Erläuterung verstehen wir, dass es bei der Lose-Zeremonie nicht nur darum ging, das Schicksal der zwei Ziegenböcke festzulegen. Die Zuschauer achteten auf Zeichen und Wunder! Von einem Wunder kann deshalb die Rede sein, weil im Talmud berichtet wird: »Während der 40 Amtsjahre Simons des Gerechten geriet das Los ›für Gott‹ stets in die Rechte; von da ab geriet es zuweilen in die Rechte und zuweilen in die Linke (…) 40 Jahre vor der Zerstörung des Heiligtums geriet das Los ›für Gott‹ niemals in die Rechte.«

Dass der Hohepriester 40 Jahre hintereinander dasselbe Los in die rechte Hand bekommt, ist so unwahrscheinlich, dass sogar Skeptiker die Erscheinung eines Wunders nicht bestreiten werden. Der israelische Mathematiker Eli Merzbach hat die statistische Wahrscheinlichkeit bei der Auslosung am Versöhnungstag durch das folgende Beispiel verdeutlicht: Würde der Kohen Gadol nicht nur an Jom Kippur Lose ziehen, sondern an jedem Tag des Jahres, und zwar jeweils nicht nur einmal, sondern 1000-mal, dann bräuchte er nach dem Gesetz der Wahrscheinlichkeit drei Millionen Jahre, um dasselbe Ergebnis 40-mal hintereinander zu erzielen.

Die Gebote der Tora wurden von den Weisen in zwei Gruppen eingeteilt: »Meine Rechtsordnungen übt und meine Gesetze hütet, um in ihnen zu wandeln.« Was sind Rechtsordnungen (hebräisch: Mischpatim)? »Das sind diejenigen Gesetze, die, wenn sie nicht geschrieben worden wären, doch geschrieben werden müssten: Verbote von Götzendienst, Unzucht, Blutvergießen, Raub und Lästerung des göttlichen Namens.« Und was sind Gesetze (hebräisch: Chukim)? »Das sind diejenigen Vorschriften, gegen die Satan und die Völker der Welt Einwendungen erheben: Essen von Schweinefleisch, Tragen von Mischgewebe, die Chalitza an der Schwägerin, die Reinigung der Aussätzigen, der fortzuschickende Bock.«

Das Sündenbock-Ritual zählt also zu den Chukim. Warum der Ewige dieses Gebot erlassen hat, können wir nicht wissen. Wohl aber können wir uns mit der Frage beschäftigen: Was lehrt uns das Ritual mit den zwei Ziegenböcken? Eine symbolische Deutung des Zeremoniells hat Jizhak Abarbanel in seinem Torakommentar vorgeschlagen. Abarbanel sieht in beiden Ziegenböcken einen Hinweis auf das Volk Israel. Sie symbolisierten die Alternative, vor der Israel stehe: Der Bock, der im Heiligtum als Sündopfer dargebracht werde, stehe für eine Lebensführung gemäß den Anweisungen des Ewigen, die zu einer Annäherung an Gott führe. Wandele Israel aber nicht auf dem richtigen Weg und entferne sich von Gottes Weisungen, so werde es fortgeschickt werden wie der Sündenbock. Das Ritual an Jom Kippur erinnere demnach an die uns gegebene Wahlfreiheit und an die Möglichkeit des Exils.

Ein Vorbild echten Gemeinsinns: Rabbi Elieser und die 30 Fragen zur Sukka

Noemi Berger

Im Talmud finden wir ein ganzes Traktat, das sich mit Sukkot, dem Laubhüttenfest, beschäftigt. Sein Hauptaugenmerk liegt auf dem Bau und der Gestaltung der Sukka, der Laubhütte, und dem Feststrauß Lulaw. Beide sind Eckpfeiler des Festes und Thema vieler talmudischer Betrachtungen und Auslegungen. Jedoch zeichnen Lehrmeinungen und Berichte des Talmuds immer nur ein Bild eines vollkommenen Festes in einer vollkommenen Gemeinschaft. Tatsächlich kann aber die Umsetzung dieser Anleitungen dem Ideal immer nur nachstreben, ohne je Vollkommenheit zu erreichen, denn keine Gemeinschaft von Menschen kann je perfekt und ganz ohne Tadel sein. Der Talmud erzählt uns deshalb, wie unsere Weisen es sich stets zum Ziel gemacht haben, ihre Anhänger zur Vollkommenheit anzuleiten und nach der Tora zu leben.

Im Talmud-Traktat Sukkot 28a lesen wir von Rabbi Elieser, dessen Ziel es stets war, alle durch seinen vorbildlichen Lebenswandel zu inspirieren. Sein voller Name war Rabbi Elieser ben Hyrkanos. Er war einer der Lehrer von Rabbi Akiwa und ist als einer der großen Lehrer der Periode der Mischna bekannt. Einst feierte Rabbi Elieser den Schabbat im nördlichen Galiläa. Viele Menschen hatten sich versammelt, um den berühmten Weisen persönlich zu erleben. Nach seinem Vortrag stellte man ihm 30 Rechtsfragen, die die Laubhütte, die Sukka, betrafen. Auf zwölf Fragen erwiderte er, er habe die Antworten und rechtliche Entscheidungen von seinen Lehrern gehört. Und auf 18 weitere Fragen erwiderte er, er habe diesbezüglich keine Entscheidungen seiner Lehrer vernommen und könne demnach die gestellten Fragen auch nicht beantworten. Die Menschen fragten ihn daraufhin: Beruhen denn all deine Worte nur auf den Überlieferungen deiner Lehrer? Hast du selbst denn gar keine eigene Meinung darüber? Da erwiderte er ihnen: »Jetzt nötigt ihr mich, etwas zu sagen, das ich nicht von meinen Lehrern gehört habe. Obwohl ich das ungern tue, muss ich nun einmal über mich selbst reden sowie über die Art und Weise meiner Lebensführung. Nun, so sei's! Vernehmt also, was ich für besonders wichtig erachte: Immer treffe ich als Erster im Lehrhaus ein und verlasse es als Letzter; nie im Leben schlief ich im Lehrhaus; niemals überlasse ich mich der unnützen und müßigen Rede; und außerdem sage ich nie etwas, das ich nicht bereits von meinem verehrten Lehrer Rabbi Jochanan ben Sakkai vernommen hätte.«

So zeichnete der berühmte Gelehrte ein beispielhaftes Bild der Bescheidenheit, das allen als Vorbild dienen sollte. Über Rabbi Eliesers Vorbild, den berühmten Weisen Jochanan ben Sakkai, wird ebenfalls überliefert, er habe niemals unnütze Rede geführt, er sei stets der Erste und der Letzte im Lehrhaus gewesen; habe nie im Leben über unnütze, gewöhnliche Dinge nachgedacht; er sei nie im Leben auch nur vier Ellen weit ohne Tora und ohne Tefillin gegangen; auch habe ihn nie jemand müßig still sitzen sehen, vielmehr habe er immer gesessen und die Tora gelernt. Trotz seiner eigenen bedeutenden Stellung habe der Rabbi stets persönlich die Tür für seine Schüler geöffnet. Nie habe er die Anwesenden aufgefordert, es sei Zeit, das Lehrhaus zu verlassen, ausgenommen an den Vorabenden des Pessachfestes, als sie verpflichtet waren, das Pessachlamm zu opfern, und am Vorabend des Jom Kippur, wenn es als Mizwa gilt, zu essen und reichlich zu trinken. Und schlussendlich soll auch Rabbi Jochanan ben Sakkai nie etwas gesagt haben, was er nicht bereits von seinen eigenen Lehrern gehört hätte. All diese Gepflogenheiten hatte sein Schüler Rabbi Elieser an ihm bewundert, übernommen und weitergegeben, um seine Anhänger auf den Weg zu einer idealen, wahrhaften und selbstlosen Gemeinschaft zu führen.

Adams Feiertage: Wie der erste Mensch der finstersten Zeit zu Chanukka eine religiöse Deutung gab

Yizhak Ahren

Üblicherweise feiern wir Chanukka jedes Jahr vom 25. Kislew bis zum 2. Tewet (November / Dezember). Wer von uns nimmt bewusst wahr, dass unser Lichterfest genau in der dunkelsten Zeit unseres Jahres begangen wird? Der israelische Rabbiner Joel Bin-Nun hat in zwei Abhandlungen auf diese Tatsache aufmerksam gemacht, und er hat bei dieser Gelegenheit eine versteckte Verbindung zu Adams Feiertagen aufgedeckt, von denen der Talmud berichtet. Nach unserem Sonnenkalender ist am 21. Dezember bekanntlich die Nacht am längsten und der Tag am kürzesten. Der Wendepunkt befindet sich, wenn wir ihn im Mondkalender suchen, gegen Ende des Monats Kislew. Wie am Ende eines jeden Monats ist dann kein Mondlicht zu erblicken. Daher kann man die letzte Kislew-Woche als die finsterste Zeit des Jahres bezeichnen. Diesen Sachverhalt entdeckte bereits der erste Mensch, Adam, und gab ihm eine religiöse Deutung.

Im Talmud-Traktat Awoda Sara 8a heißt es: »Die Rabbanan lehrten: Als Adam, der Ur-Mensch, die Tage fortschreitend abnehmen sah, sprach er: ›Wehe mir, vielleicht wird nun die Welt, weil ich gesündigt habe, verfinstert und wird zurück in Leere und Öde verwandelt. Das ist also der Tod, der im Himmel über mich verhängt worden ist!‹ Da stand er auf und fastete acht Tage. Als aber der Wendepunkt des Tewets eintrat und Adam sah, wie die Tage allmählich wieder länger wurden, sprach er: ›Das ist also der Lauf der Welt!‹ Da ging er und machte acht Tage zu Festtagen. Im nächsten Jahr machte er diese und jene Tage zu Festtagen. Adam hatte sie im Namen des Himmels festgesetzt, Götzendiener aber bestimmten sie auf die Namen von Götzen.« Nach dem talmudischen Bericht hat Adam seine erste Deutung der beobachteten Phänomene korrigiert. Die unterschiedlich langen Tage hängen also gar nicht mit seinem sündhaften Verhalten zusammen; sie sind vielmehr eine Naturgegebenheit, die unabhängig vom Tun und Lassen des Menschen abläuft. Die Lichtgesetzmäßigkeit, die Adam erkannte, war für ihn ein Anlass, Festtage zu Ehren des Schöpfers festzulegen.

Dass diese Feiertage später von Götzendienern im Sinne ihrer heidnischen Religion uminterpretiert worden sind, ist eine bedauerliche Geschichte. Diese Entwicklung zeigt, dass eine lobenswerte religiöse Festsetzung aus ideologischen Gründen ohne viel Mühe in das Gegenteil verkehrt werden kann. Es ist natürlich bemerkenswert, dass wir die acht Chanukkatage genau in der Zeit begehen, die Adam als Festtage zu Ehren Gottes bestimmte. Freilich bemerken wir auch wichtige Unterschiede: Adam feierte zweimal acht Tage – einmal zur Erinnerung an sein Fasten und einmal zur Erinnerung an seine Freude, als er ein Gesetz der Schöpfung als solches erkannte. Dass Adams Festtage in späterer Zeit heidnisch umgedeutet worden sind, ist eine traurige geschichtliche Tatsache. Unser Chanukkafest lehnt sich an Adams religiös-kosmische Feier an und bereichert das uralte Fest um weitere wichtige Aspekte: um den Sieg der Makkabäer, die Wiedereinweihung des Tempels sowie um das Ölwunder. Die Tiefendimension von Chanukka, die wir hier in den Spuren von Rabbiner Bin-Nun beschrieben haben, wird aber häufig übersehen.

Verflucht sei Haman, und gesegnet sei Mordechai! Warum man sich an Purim berauschen sollte

Boris Ronis

Rawa sagte: »Eine Person ist verpflichtet, sich zu Purim derart mit Wein zu berauschen, dass sie nicht mehr zwischen ›Verflucht sei Haman‹ und ›Gesegnet sei Mordechai‹ unterscheiden kann.« Im Talmud-Traktat Megilla 7b heißt es in diesem Zusammenhang, dass Rabba und Rabbi Seira einst miteinander Purim feierten. Sie tranken so viel, dass Rabba sich vor Rabbiner Seira aufbaute und ihn erschlug. Am nächsten Tag, als Rabba nüchtern wurde und erkannte, was er getan hatte, bat er Gott um Gnade – und sie wurde ihm zuteil: Rabbi Seira erwachte zum Leben. Im darauffolgenden Jahr sagte Rabba zu Rabbi Seira: »Lass den Meister kommen und uns miteinander Purim feiern.« Doch Seira entgegnete ihm: »Wunder geschehen nicht jede Stunde, ich will diese Erfahrung nicht noch einmal durchmachen.«

Im Jiddischen als »Schicker« betitelt zu werden ist alles andere als eine Auszeichnung. Im Deutschen würde man sagen: ein Säufer. Und trotzdem haben wir an Purim laut dem Talmud die Aufgabe, uns ordentlich einen hinter die Binde zu kippen. Das ist eine der Mizwot, die wir an Purim ausführen sollen: eine ausgiebige Mahlzeit einnehmen, mit viel Fleisch und Wein, in einer feierlichen und fröhlichen Atmosphäre. In der ganzen Purimgeschichte spielt Wein eine wesentliche Rolle. So hat Waschti, die Königin, weil sie nicht vor dem betrunkenen König und seinem Gefolge tanzen wollte, den Stein der Ereignisse ins Rollen gebracht. Ein Weingelage bringt ein jüdisches Mädchen in die Position einer Königin, Esther ersetzt die verstoßene Waschti. »In vino veritas«, sagt der Lateiner, was so viel heißt wie: »Im Wein liegt Wahrheit.« Unsere Weisen lehren aber auch, dass im Wein viele Zores – Wirrwarr oder Ärger – liegen. Um die Mizwa zu erfüllen, genügt es eigentlich, etwas mehr Wein als üblicherweise zu trinken und sich dann schlafen zu legen. Denn auch wer schläft, kann nicht mehr unterscheiden zwischen Mordechai und Haman, zwischen Segen und Fluch. Menschen, die sich dessen bewusst sind, dass sie im Rausch Übles anstellen würden, oder Angst haben, ihrer Gesundheit zu schaden, müssen an Purim nicht viel Wein trinken.

Doch warum bestehen einige wichtige Denker wie der Rambam darauf, dass man trinken muss, bis man die rationale Selbstbeherrschung verliert und nicht mehr klar unterscheiden kann zwischen »Verflucht sei Haman« und »Gesegnet sei Mordechai«? Eine Antwort darauf könnte sein, dass wir Juden uns oft gegen die Gebote Gottes gestellt haben – auch zu Zeiten der Purimgeschichte unter König Achaschwerosch. Dort haben wir uns versündigt, indem wir durch das reichliche Gelage und den Wein unsere Herkunft vergaßen. Nach dem Rausch erkannten wir unser Vergehen, und die Umkehr zu Gott rettete uns vor der Vernichtung durch Haman. Es stehen damit nicht unsere Taten, durch die wir von Gott errettet wurden, im Vordergrund, sondern Seine Barmherzigkeit, uns immer zurückkehren zu lassen und Seine Tore nie zu verschließen. Darum sagen unsere Weisen, dass wir essen und trinken sollen im Überfluss, um dadurch unser Vertrauen Gott gegenüber zu bekräftigen. Im Zustand der Bewusstlosigkeit demonstrieren wir unsere Gläubigkeit: Gott wird uns nicht fallen lassen – sei es, dass wir klar sind im Kopf oder berauscht. Denn auch das kann für uns eine wichtige Lektion der Purimgeschichte sein: sich einfach mal zurückzulehnen und zu entspannen. Bekanntermaßen steht in jeder Generation ein Feind Israels gegen uns auf, der uns vernichten möchte. Das heißt, jede Generation muss um ihre Existenz fürchten, für ihr Wohl einstehen und kämpfen. Durch einen ausgiebigen Konsum von Wein zeigen wir, dass wir unseren Sieg über das Böse genießen können. Und wir beteuern, dass wir zuversichtlich in die Zukunft blicken, mit Gott.

ABERGLAUBE

Der Böse Blick: Von Glaube und Aberglaube

Jehoschua Ahrens

Aberglaube war in der Antike tief in der Alltagskultur verankert und ist selbst heute noch in manchen Regionen unserer sonst so aufgeklärten Welt allgegenwärtig. Das Judentum macht hier keine Ausnahme: Ein durchaus präsentes Thema in der rabbinischen Literatur ist der Böse Blick. Es gibt aber keine einheitliche Meinung über das »Ajin HaRa«, das »Böse Auge«, und der Talmud widerspricht sich teilweise selbst. Sicherlich ist es kein Wunder, dass ausgerechnet das »Auge« böse sein soll, denn nach dem Talmud in Traktat Sota 8a sind es gerade visuelle Wahrnehmungen, die sündhafteste Versuchungen verursachen. Dort wird eine ganze Reihe solcher Versuchungen aufgelistet und diskutiert. Am Schluss heißt es, dass Rawa sagte, »es sei bekannt, dass der böse Trieb nur über das Gewalt hat, was man mit den Augen sieht«. Neben moralischen Auswirkungen, inklusive Eifersucht und Hass, assoziieren zahlreiche talmudische Quellen den Bösen Blick mit schädlichen Kräften. So heißt es: »›Der Herr wird von dir jede Krankheit fernhalten‹. Raw erklärte, darunter sei das böse Auge zu verstehen. (...) Er ging nämlich einst auf einen Begräbnisplatz, tat dort, was er tat, und sprach darauf: 99 (sterben) durch ein (böses) Auge und einer auf natürliche Weise.«

Es gab aber auch Tricks, dem Bösen Blick zu entgehen. Die Nachfahren von Josef waren zum Beispiel immun dagegen, und das kann sich jeder zunutze machen, wie der Talmud an anderer Setlle erklärt: »Wer in eine Stadt kommt und sich vor dem bösen Auge fürchtet, nehme den Daumen seiner rechten Hand in seine linke Hand und den Daumen seiner linken Hand in seine rechte Hand und spreche wie folgt: ›Ich, X, Sohn des Y, entstamme dem Stamm Josefs, über den das böse Auge keine Macht hat.‹ Es heißt nämlich in der Tora: ›Ein fruchttragendes Reis ist Josef, ein fruchttragendes Reis an einer Quelle‹. Und man lese nicht ale-ajin (an einer Quelle), sondern ole-ajin (das Auge übersteigend). Rabbi Jose ben Rabbi Chanina entnimmt dies aus folgendem Bibelzitat: ›Sie mögen sich fischartig auf Erden vermehren‹. Wie die Fische im Meer das Wasser bedeckt und das böse Auge keine Macht über sie hat, so hat auch über die Kinder Josefs das böse Auge keine Macht. Wer sich aber vor seinem eigenen bösen Auge fürchtet, schaue auf seinen linken Nasenflügel. (...) Wenn jemand krank wird, so tue er dies am ersten Tag nicht kund, damit er seinen Glücksstern nicht gefährde.«

Der Böse Blick kann aber laut Talmud auch Objekte treffen. So verbietet Raw, im Feld eines Nachbarn zu stehen, wenn der Mais hochgewachsen ist. Und ein gefundenes Kleidungsstück sollte nicht über das Bett gelegt werden, wenn Gäste im Haus sind. Außerdem heißt es, Segen komme nur über jene Dinge, die vor dem Auge verborgen seien. Viele spätere Kommentatoren verstehen das Böse

Auge nicht als eigenständige Macht, sondern als eine spezielle Präsenz und Überwachung durch Gott. Jedoch stellt keiner die Idee eines Bösen Blickes und anderer folkloristischer Überzeugungen so direkt infrage wie Maimonides, der Rambam. Er lässt in seinem Talmudkommentar ›Mischne Tora‹ den Bösen Blick, wie auch anderen Aberglauben, einfach weg. Trotzdem sind viele Bräuche, die auf den Bösen Blick zurückgehen, noch heute allgegenwärtig. So ist es zum Beispiel nicht üblich, zwei Brüder (oder Vater und Sohn) nacheinander zur Tora aufzurufen, und wir feiern nicht zwei Hochzeiten innerhalb einer Familie zum selben Zeitpunkt. Auch zählen wir keine Menschen, und in Israel ist es üblich, ein Chamsa-Amulett gegen den Bösen Blick zu tragen oder nach dem Lob einer anderen Person noch »Bli Aijn HaRa« hinzuzufügen. Wenn es denn tatsächlich so ist, dass negative Blicke (und Gedanken) anderen Schaden zufügen können, dann sollten wir uns immer bemühen, alles positiv zu betrachten, damit unser Segen und die Segnungen anderer mit einem freundlichen und dankbaren Blick gesehen werden.

Amulette gegen Epilepsie: Über die Heilkraft zweifelhafter Gegenstände

Yael Deusel

Unter den Makeln, die der Talmud-Traktat Ketubot 77a als Hinderungsgrund für eine Heirat oder als legitime Ursache für die Auflösung einer Verlobung aufzählt, findet sich unter anderem auch die Epilepsie, vor allem, wenn sie bei einer Frau auftritt. Die Gelehrten wussten also um diese Erkrankung, und es war ihnen auch bekannt, dass die Epilepsie in unterschiedlichen Formen auftreten kann. Sie unterteilten sie in zwei Gruppen, nämlich in solche mit regelmäßig auftretenden und daher vorhersehbaren Anfällen und solche, die sich in unregelmäßigen Abständen bemerkbar machen. Im ersten Fall war es der Familie der Frau oder auch ihr selbst möglich, die Krankheit zu verheimlichen. Damit galt dies als ein verborgener Makel. Folgen die Anfälle jedoch keinem erkennbaren Schema, dann können sie jederzeit einsetzen, auch in der Öffentlichkeit, und werden damit auch außerhalb der Familie bekannt. Verlobte sich ein Mann also mit einem Mädchen, das an Epilepsie in der zweiten Kategorie litt, wusste er sehr wohl, was er tat, und konnte daher nicht einfach die Verlobung lösen mit der Begründung, dass die Braut ja eine ihm bis dato verborgene Krankheit habe. Das hatte er schließlich schon vorher gewusst.

Interessant ist die Anmerkung von Rabbi Jerucham, dass es im Fall von Epilepsie als einem sichtbaren Makel völlig unerheblich sei, ob in der betreffenden Stadt ein Badehaus vorhanden sei oder nicht. Doch was hat die Epilepsie mit einer öffentlichen Badeanstalt zu tun? Nun, manche sonst wohlverborgene körperliche Veränderung wie zum Beispiel Warzen oder Hautkrankheiten werden im Badehaus offenbar. Allerdings wird die Epilepsie nicht durch Kleidung verborgen, und sie macht sich auch nicht ununterbrochen bemerkbar. Damit fällt sie aus dieser Art von äußerlich sichtbaren Makeln heraus. Eine weitere Erklärung lässt sich aus dem Schulchan Aruch herleiten. Dort findet sich der Hinweis, dass die Mädchen, die eine Badeanstalt aufsuchen, sich auf dem Weg dorthin in der Öffentlichkeit bewegen. Das heißt: Sollte eine unterwegs einen Anfall erleiden, bliebe der nicht unbemerkt.

Doch selbstverständlich beschränkt sich die Epilepsie nicht nur auf Frauen; auch das war unseren Weisen bekannt. Im Traktat Schabbat 61a heißt es ganz allgemein, dass das Tragen eines Amuletts gegen Epilepsie am Schabbat nicht verboten sei. Ein solches Amulett konnte entweder eine Inschrift enthalten oder Bestandteile von Heilpflanzen. Hinsichtlich seiner Wirksamkeit bestanden allerdings – durchaus berechtigte – Zweifel, selbst wenn es von einem ausgewiesenen Fachmann angefertigt worden war. War ein Amulett als wirksam zu betrachten, wenn es seinen Träger dreimal vor einem Anfall bewahrt hatte, oder mussten drei verschiedene Personen geheilt worden sein, mit je einem Amulett desselben Herstellers? Und wie lässt sich eine vorbeugende Wirkung überhaupt feststellen? Hier sagt die Gemara, es reiche aus, wenn der Hersteller des Amuletts bewährt sei, nicht das Amulett selbst. Allerdings entstand darüber die Diskussion, wie dieser Hersteller die Heilkraft seiner Produkte einwandfrei nachweisen könne. Denkbar wäre doch, dass das Amulett selbst wirkungslos sei, und selbst wenn der Träger drei solcher Amulette umhängen hatte, habe er vielleicht nur deswegen keinen weiteren Anfall erlitten, weil er einfach Glück hatte. Diese Diskussion blieb unentschieden: Teku. Die Epilepsie als solche war den talmudischen Gelehrten also bereits früh bekannt, wenn auch die Behandlungsmethoden, dem seinerzeitigen Wissensstand entsprechend, noch zu wünschen übrig ließen.

Der Dämon unter der Regenrinne: Von Geistern, Zauberei und einem geplatzten Weinfass

Chajm Guski

Der Talmud enthält etliche Geschichten, die von Dämonen, Geistern und Zauberei erzählen. Jene, die uns den Talmud erklären, halten jedoch nicht viel davon. So schreibt etwa Maimonides, der Rambam: »Den Israeliten aber, die weise und vernünftig sind, geziemt es nicht, sich mit solch dummem Zeug abzugeben, oder wohl gar zu denken, dass an all dem etwas Nützliches wäre.« Mit anderen Worten: Der Rambam weist den Gedanken an Übernatürliches zurück. Doch genau dem wenden wir uns jetzt zu.

Im Talmud-Traktat Chullin 105b sagt Rabbi Abaje, er habe früher geglaubt, man sitze deshalb nicht unter einer Regenrinne, weil dort das Wasser abfließe. Sein Meister jedoch, Mar bar Raw Aschi, habe ihm erklärt, dass man dort nicht sitze, weil sich unter Regenrinnen Dämonen aufhielten. Und dann erzählt Abaje: »Einst stellten bestimmte Träger, die ein Fass Wein trugen und sich ausruhen wollten, das Fass unter eine Regenrinne – und da platzte es. Sie kamen zu Mar Raw Aschi, der nahm einen Schofar und bannte ihn.« Unter der Regenrinne saß also ein Dämon, der das Fass hatte platzen lassen. Mar Raw Aschi fragte ihn: »Warum hast du das gemacht?« Er erwiderte: »Was hätte ich tun sollen? Sie hatten es auf mein Ohr gestellt!« Mar Raw Aschi sagte: »Was hast du an einem Ort zu suchen, an dem sich viele Menschen aufhalten?« Er solle verschwinden und eine Entschädigung für das Fass zahlen. Der Dämon entgegnete, Mar Raw Aschi solle ihm eine Frist setzten, dann werde er Ersatz leisten. Das tat Mar Raw Aschi – doch nach Ablauf der Frist kam der Dämon nicht.

In einer anderen Geschichte erzählt der Talmud von einer Dämonin namens Agrat, die gern ihr Unwesen trieb. Man solle deshalb »nachts nicht allein hinausgehen«. Es werde nämlich gelehrt: In den Nächten zum Mittwoch und zum Schabbat geht man nicht allein aus dem Haus, weil dann Agrat, die Tochter von Machalat, mit 180.000 »Engeln« umherstreife. Jeder einzelne könne zerstören. Der Talmud erzählt weiter: »Früher streifte sie jeden Tag umher. Einmal begegnete sie Rabbi Chanina ben Dosa und sprach zu ihm: ›Hätte man im Himmel über dich nicht gesagt, mit Chanina und seiner Tora vorsichtig zu sein, so würde ich dich in Gefahr gebracht haben.‹ Da sprach er zu ihr: ›Wenn ich im Himmel so angesehen bin, so befehle ich dir, nie mehr an bewohnte Orte zu reisen.‹ Darauf flehte sie ihn an: ›Ich bitte dich, mir ein wenig Raum zu geben.‹ Da ließ er ihr jede Woche zwei Nächte: die zum Mittwoch und zum Schabbat.«

Ähnliches wird an gleicher Stelle von Rabbi Abaje erzählt. Als er der Dämonin begegnete, sagte sie auch zu ihm: »›Hätte man im Himmel über dich nicht gesagt, mit Nachmani (damit war wohl Abaje gemeint) und seiner Tora vorsichtig zu sein, so würde ich dich in Gefahr gebracht haben.‹ Da sprach er zu ihr: ›Wenn ich im Himmel so angesehen bin, so befehle ich dir, nie mehr an bewohnte Orte zu reisen.‹« Man nahm also offenbar an, Dämonen seien auf vorgegebenen Pfaden unterwegs, hätten ihren »eigenen Platz«. Und der Rambam? Er weist die Vorstellung, »Dämonen« seien etwas Übernatürliches, zurück. Wir deuten diese Figuren heute mit den Mitteln der Rationalität. Der Talmud gibt an anderer Stelle ein gutes Beispiel dafür. Er schildert, dass Adam, als er verbannt war, Geister, Dämonen und Dämoninnen machte – denn es heißt: »Als Adam 130 Jahre alt war, zeugte er in Ähnlichkeit und im Ebenbilde.« Der Rambam schreibt in seinem Führer der Unschlüssigen, dass damit menschliche Wesen gemeint seien, die den Verstand nicht nutzen.

Das hilft uns heute, diesen Texten vielleicht etwas rationaler zu begegnen.

Ruben und die Giftschlange: Schicksal durch Astrologie

Noemi Berger

Zur Zeit des Talmuds betrachtete man in Babylonien die Astrologie als Wissenschaft. Einige Rabbiner, darunter Rabbi Chanina, behaupteten, die Sterne hätten die Macht, das Schicksal zu bestimmen, und der Astrologe könne es entziffern. Die beiden Weisen Rabbi Jochanan und Raw meinten, dies treffe vielleicht für Nichtjuden zu. Jedoch lehnten sie kategorisch ab, dass Sternbilder das Schicksal von Juden bestimmen – seien es Einzelpersonen oder die gesamte Nation. Denn die Astrologie zu legitimieren würde nahelegen, dass Gott lebenswichtige Angelegenheiten an Geschöpfe »auslagert«, so ihr Argument.

Wir lesen im Talmud im Traktat Schabbat 156b, wie eines Tages der jüdische Astronom Samuel, der die Astrologie ablehnte, mit dem nichtjüdischen Astrologen Awlet zusammensaß. Die beiden teilten in Gesprächen und Diskussionen ihre gemeinsame Faszination für die Sterne. Während sie so beisammensaßen, sahen sie eine Gruppe von Wanderern, die sich auf den Weg zu einem nahegelegenen See machte. Awlet, der behauptete, das Schicksal der Menschen durch die Ausrichtung der Sterne entschlüsseln zu können, teilte Schmuel mit, dass einer aus der Gruppe – nennen wir ihn Ruben – während der Wanderung von einer giftigen Schlange gebissen werden würde.

Infolgedessen, so Awlet weiter, werde Ruben sterben und nicht mit den anderen zurückkehren. Samuel, der die Wirkung der Astrologie auf das Leben der Juden ablehnte, wies Awlets Vorhersage zurück. Er sagte: »Wenn Ruben Jude ist, dann ist deine Vorhersage gegenstandslos, und er wird sicher zurückkehren!« Tatsächlich kam Ruben nach dem Ausflug zurück – und das sehr lebendig. Damit bewies er, dass Awlet unrecht und Samuel recht hatte.

Erstaunt über Rubens Rückkehr erhob sich Awlet, griff nach Rubens Rucksack und untersuchte seinen Inhalt. Er fand darin den durchgeschnittenen Kadaver einer Schlange, also genau der Schlange, von der er vorhergesagt hatte, dass sie den Wanderer töten würde. Da fragte Samuel Ruben: »Was hast du denn Gutes getan, dass Gott sich deiner erbarmte? Es muss etwas sehr Verdienstvolles gewesen sein, denn dass du hier lebendig vor uns stehst und nicht von der Schlange zu Tode gebissen wurdest, zeigt, dass Gott in dein Schicksal eingegriffen und dich vor der giftigen Schlange beschützt hat.« Verlegen zögerte Ruben, auf Samuels Frage zu antworten. Er wisse nichts von einer Mizwa, die er getan haben könnte. Doch dann fiel ihm ein, dass er und seine Kameraden jeden Tag ihre Lebensmittelvorräte zusammenlegten und miteinander teilten. »Heute, am letzten Tag unseres Ausflugs, hatte einer von uns kein Brot mehr und konnte nichts zur gemeinsamen Mahlzeit beitragen. Es war ihm so peinlich, und er fühlte sich schlecht. Da sagte ich zu den anderen: ›Heute sammele ich von allen das Brot ein.‹ Als ich zu ihm kam, ließ ich es so erscheinen, als würde ich von ihm Brot nehmen, damit er sich nicht schämen muss.« Da sagte Samuel zu Ruben: »Du hast eine große Mizwa erfüllt, denn du hast den Mann vor einer öffentlichen Verlegenheit bewahrt und ihm dadurch eine Wohltat erwiesen. Dieser Akt der Nächstenliebe hat dein Schicksal bestimmt, denn ›Gerechtigkeit (und wohltätige Handlungen) retten vor dem Tod‹, wie es in der Bibel heißt.«

FRAUEN

Loblied auf die Frau: Was unsere Weisen über die Partnerin des Mannes lehrten

Avraham Radbil

Im Talmud-Traktat Jewamot 62b und 63a lesen wir Aussagen verschiedener Rabbiner über jemanden, der keine Ehefrau hat. Rabbi Tanchum sagte im Namen von Rabbi Chanilaj: »Ein Mensch, der keine Frau hat, lebt ohne Freude, ohne Segen und ohne Güte.« Er fährt damit fort, Verse aus der Bibel zu zitieren, um jeden Teil seiner Aussage zu untermauern: Der Mensch sei ohne Freude, wie geschrieben stehe: »Und du sollst dich freuen, du und dein Haus«, was darauf hinweist, dass der Mensch sich nur dann in einem freudigen Zustand befindet, wenn er bei seinem Haus ist, also bei seiner Ehefrau. Er ist ohne Segen, wie geschrieben steht: »Segnungen in deinem Haus ruhen lassen«, was darauf hinweist, dass der Segen durch das eigene Haus kommt, das heißt, durch die eigene Frau.

Er ist ohne Güte, wie geschrieben steht: »Es ist nicht gut, dass der Mensch allein ist«, das heißt, ohne Frau.

Im Land Israel, fährt der Talmud fort, sage man: Einer, der ohne Frau lebe, bleibe ohne Tora und ohne Schutzmauer. Er sei ohne Tora, wie geschrieben stehe: »Habe ich keine Hilfe in mir, und ist die Weisheit von mir vertrieben?«, was darauf hinweist, dass jemandem, der keine Frau hat, Weisheit, also die Tora, fehlt. Er ist ohne Mauer, wie geschrieben steht: »Eine Frau wird um einen Mann herumgehen«, ähnlich einer Schutzmauer. Rawa bar Ulla sagte: Wer keine Frau habe, bleibe, ohne Frieden, wie geschrieben steht: »Und du sollst wissen, dass dein Zelt in Frieden ist; und du wirst deine Wohnung besuchen und nichts verpassen«. Dies weist darauf hin, dass ein Mann nur dann Frieden hat, wenn er ein Zelt hat, das heißt: eine Frau. Über denselben Vers sagte Rabbi Jehoschua ben Levi: Wer wisse, dass seine Frau den Himmel fürchte und ihn begehre, und er besuche sie nicht – schlafe also nicht mit ihr –, werde ein Sünder genannt, wie es heißt: »Und du sollst wissen, dass dein Zelt in Frieden ist; und du sollst deine Wohnung besuchen.« Und Rabbi Jehoschua ben Levi sagte über diesen Hiob-Vers: Ein Mann sei verpflichtet, seine Frau zu besuchen, um Geschlechtsverkehr zu haben, wenn er auf Reisen gehe wie es heißt: »Und du sollst wissen, dass dein Zelt in Frieden ist ...« Die Weisen lehrten: Einer, der seine Frau liebe, wie er sich selbst liebe, und der sie mehr ehre als sich selbst, und der seine Söhne und Töchter auf dem rechten Weg erziehe und der sie kurz vor der Reife verheirate über ihn sagt der Vers: »Und du sollst wissen, dass dein Zelt in Frieden ist.« Als Ergebnis seiner Handlungen wird es Frieden in seinem Zuhause geben, da es frei von Streit und Sünde sein wird.

Rabbi Elasar sagte: Jeder Mann, der keine Frau habe, sei kein Mann, denn es heiße in der Tora: »Männlich und weiblich erschuf er sie«. Und Rabbi Elasar sagte: Was bedeutet das, was geschrieben steht: »Ich werde ihm eine Hilfe (hebräisch: Eser kenegdo, wörtlich: ›Hilfe gegen ihn‹) schaffen«? Wenn einer würdig ist, hilft ihm seine Frau; wenn er nicht würdig ist, ist sie gegen ihn. Und manche sagen eine etwas andere Version: Rabbi Elasar hat einen Widerspruch erhoben. Es steht in der Tora in einer Schreibweise geschrieben, die es erlaubt, sie zu lesen: »Schlag gegen ihn«, und wir lesen es so, als würde es heißen: »für ihn«. Wenn er würdig ist, ist sie für ihn seine Gefährtin; ist er nicht würdig, schlägt sie ihn. Der Talmud erzählt weiter, dass Rabbi Jossi dem Propheten Elijahu begegnete und zu ihm sagte, es stehe geschrieben: »Ich werde ihm eine Gehilfin machen.« Wie hilft eine Frau einem Mann? Elijahu sagte zu ihm: »Wenn ein Mann Weizen vom Feld bringt, kaut er dann rohen Weizen? Trägt er, wenn er Flachs nach Hause bringt, unbearbeiteten Flachs? Seine Frau verarbeitet die Rohprodukte zu Brot und Kleidung. Ist seine Frau nicht diejenige, die seine Augen erhellt und ihn auf die Füße stellt?«

Verteidigung des Schöpfers: Über den Disput mit einer frommen Jüdin

Yizhak Ahren

Eine freche Gotteslästerung musste sich der Tannait Rabban Gamliel aus Jawne nach einem Bericht im Talmud-Traktat Sanhedrin 39a anhören: »Euer Gott ist ein Dieb!« Wer hat es gewagt, diese dreiste Behauptung aufzustellen? Nach einer Lesart war es ein (namentlich nicht genannter) römischer Kaiser, in anderen Büchern wird die

Lästerung einem Ketzer zugeschrieben. Aber wie dem auch sei: Er hat in provozierender Absicht den Gott Israels als einen Gesetzesbrecher beschimpft. Als Beweis für seine aggressive These zitiert der unfromme Ankläger folgenden Vers aus der Tora: »Da ließ Gott eine Betäubung über den Menschen fallen; als er schlief, nahm eine von seinen Seiten und schloss Fleisch an deren Stelle.« In diesem Vers schildert die Schrift die Erschaffung der ersten Frau. Dabei soll es, so meint der Kritiker, nicht mit rechten Dingen zugegangen sein.

In einer Mischna heißt es: »Wisse, was du dem Epikureer zu entgegnen hast!« Ein Jude soll also bereit sein, einem Gottes- und Toraleugner oder -verächter die richtige Antwort zu geben. Daher hätten wir erwartet, dass Rabban Gamliel auf die ihm vorgetragene Provokation mit scharfen Worten reagieren wird. Unsere Geschichte nahm jedoch eine andere Wendung: Der Tannait sagte kein Wort. »Da sprach seine Tochter zu ihm: Lass die Sache in meiner Hand, ich will ihm eine Antwort geben.« Von wessen Tochter ist hier die Rede? Der israelische Aggada-Forscher Shmuel Faust meint, die Tochter des römischen Kaisers habe sich überraschenderweise bereit erklärt, anstelle von Rabban Gamliel ihrem Vater etwas zu erwidern. Fausts Interpretation überzeugt nicht: Warum sollte des Herrschers Tochter ihm widersprechen und ein gutes Wort für Israels Gott einlegen? Vielmehr hätte wohl Rabban Gamliels Tochter ein Interesse daran, ihren Glauben an den Schöpfer zu verteidigen. Vielleicht hat der Tannait ja geschwiegen, um dem Lästerer zu signalisieren, dass sogar seine Tochter ihn widerlegen könne.

Weiter lesen wir: »Hierauf sprach die Tochter zu ihm: ›Bring einen Richter her!‹ Jener fragte sie: ›Wozu brauchst du einen Richter?‹ – › Räuber überfielen uns letzte Nacht, sie nahmen unseren silbernen Pokal mit und ließen einen goldenen Pokal zurück.‹ Er erwiderte: ›Möge uns das jeden Tag passieren!‹« Und dann heißt es in der Gemara: »War es Adam nicht recht, dass man ihm eine Seite wegnahm und ihm dafür eine Magd zur Bedienung gegeben hat?« Wir wundern uns, dass Rabban Gamliels Tochter Adams Lebensgefährtin als eine »Magd zur Bedienung« bezeichnet hat. Wahrscheinlich griff sie nur ein Vorurteil ihres Gegenübers auf, um ihn von der Unrichtigkeit seiner These zu überzeugen. Erwähnenswert ist, dass Rabbiner Abarbanel gerade aus unserem Vers ableitet, dass man die Frau nicht als Magd ansehen dürfe. Der Lästerer merkt, dass er den Disput mit der frommen Jüdin nicht gewonnen hat, und modifiziert nun seine Argumentation: »Ich habe zwar so gesprochen, aber gemeint habe ich: Er hätte die Seite nicht nehmen sollen, als Adam schlief, sondern als er hellwach war.« Rabban Gamliels Tochter geht nicht direkt auf den neuen Einwand ein. Sie äußert vielmehr einen Wunsch: »›Holt mir ein Stück rohes Fleisch!‹ Da brachte man es ihr, und sie legte es in glühende Asche. Als sie es dann hervorholte, sprach sie zu ihm: ›Iss davon!‹ Er entgegnete: ›Nein, dieses Fleisch ist mir ekelhaft.‹ Da erklärte sie ihm: ›Bei Adam verhielt es sich ebenso; hätte man ihm die Seite im Wachzustand genommen, wäre ihm die Frau ekelhaft.‹«

Warum war die Szene mit dem Braten notwendig? Damit über abstoßende Züge eines Entwicklungsprozesses nicht nur gesprochen wird, die Qualität des Ekels sollte vom Kritiker sinnlich verspürt werden. Die Erklärung von Rabban Gamliels Tochter, der Schöpfer habe Rücksicht auf Adams Empfindsamkeit genommen, hat auch Raschi gefallen. Er referiert diese Interpretation in seinem klassischen Torakommentar. Einen anderen schlichten Grund für Adams Betäubung haben sowohl Saadja Gaon als auch Rabbenu Chiskija ben Manoach vorgeschlagen: Durch die Narkose habe der Schöpfer dafür gesorgt, dass Adam bei der Operation keine Schmerzen hatte.

Rebbezin im Geschlechterkampf: Wie Jalta dem undankbaren Gast die Stirn bot

Yael Deusel

Das Judentum kennt von jeher starke Frauen; man denke nur an unsere Erzmütter Sara, Riwka, Lea und Rachel. Auch der Talmud erzählt uns von solchen Frauen, selbst wenn nur wenige mit Namen genannt werden. Eine von ihnen ist Jalta, die Frau von Raw Nachman, einem Talmudgelehrten im 3. Jahrhundert. Ihr Vater wird im Talmud als Fürst bezeichnet, er war also ein bedeutendes jüdisches Oberhaupt. Jalta war damit zwar keine Prinzessin im heutigen Sinn, aber sie war doch aus bestem Hause, gebildet und dazu recht selbstbewusst. Sie scheute sich nicht, mit den Weisen talmudische Fragen zu diskutieren, und zeigte darin umfangreiches Wissen, einem Talmudgelehrten durchaus ebenbürtig. Jalta hatte in Raw Nachman einen Ehemann gefunden, der sie darin respektierte. Er war sogar damit einverstanden, dass sie am Schabbat und an Festtagen in einer Sänfte getragen wurde – etwas, das nur Personen hohen Standes oder eben bedeutenden Gelehrten zugestanden wurde. Sie wiederum duldete nicht, dass man ihren Mann despektierlich behandelte oder gar seine Stellung als Richter und seine halachischen Entscheidungen anzweifelte.

Einmal legte sie ihm ein Rätsel vor. Sie sagte zu Raw Nachman, er solle ihr Fleisch mit Milch zum Essen vorsetzen – woraufhin er für sie Kuheuter zubereiten ließ. Natürlich fand sich sofort jemand, der hierin etwas strikt Verbotenes sah. Aber es wurde dadurch immerhin eine umfangreiche Diskussion über Euter und deren korrekte Verwendung in der jüdischen Küche angestoßen.

Dabei schuf Jalta aber keineswegs ihre eigene Halacha – was allerdings nicht heißt, dass sie nicht auch gelegentlich eine zweite Meinung einholte, wenn ihr die Entscheidung eines Gelehrten suspekt erschien.

Eines Tages nun war Raw Ulla Gast im Haus von Raw Nachman. Sie aßen zusammen, und als die Zeit für das Birkat Hamason kam, sprach Raw Ulla das Tischgebet und wollte den Kidduschbecher dem Hausherrn reichen, um ihm damit die gebührende Ehre zu erweisen. Der aber sagte: Gib doch bitte den Becher meiner Frau! Das passte Raw Ulla gar nicht; einer Frau sollte er den »Kos schel Bracha« (Becher des Segens) geben? Er führte eine umständliche und wenig überzeugende Erklärung dafür an, warum er ihr den Becher nicht geben könne, weil das einer Frau nicht zustehe. Und was tat Jalta? Der Mann war Gast in ihrem Haus und wagte es, sie derart herablassend zu behandeln? Sie stand auf, ging in den Keller und zerschlug 400 Weinkrüge, sodass der Wein herauslief und nicht mehr zu gebrauchen war. Der unverschämte Gast hatte sie als Frau wörtlich mit einem »leeren Gefäß« verglichen – da konnte er einmal sehen, was der Wein ohne Gefäß wert war. Gleichzeitig machte sie deutlich, dass es ihr nicht um den Wein ging, sondern um die Bracha, den Segensspruch. Schließlich sagte Raw Nachman zu Raw Ulla, er solle Jalta jetzt endlich den Kidduschbecher reichen. Doch Ulla ließ ihr von oben herab ausrichten, der ganze Wein aus dem Krug, aus dem der Wein im Kidduschbecher stammte, gelte als »gesegnet« – will sagen: Was brauchst du als Frau den Wein aus dem Kidduschbecher zu trinken und womöglich auch noch die Bracha zu sagen? Trink doch vom restlichen Wein, so viel du willst! Jetzt war Jaltas Geduld gänzlich am Ende, und sie wurde deutlich – Gastfreundschaft hin oder her: »Von Herumtreibern kommt Geschwätz und Ungeziefer von Lumpen«, sagte sie zu Raw Ulla. Den einen gilt Jalta damit als Prototyp einer reichen, verwöhnten Frau. Anderen ist sie hingegen eine Vorkämpferin für Gleichberechtigung von Mann und Frau in Bezug auf die Übernahme halachischer Autorität und religiöser Aufgaben.

Ziemlich verzweifelt: Die Weisheit der Bruria hilft ihrem Mann

Noemi Berger

Im Traktat Brachot berichtet der Talmud, dass in der Nachbarschaft des berühmten Gelehrten Rabbi Meir mehrere Männer lebten, deren Verhalten äußerst ungebührlich und bedrohlich war. Sie verursachten dem Rabbi viel Qual und Betrübnis. In seiner Verzweiflung beschloss er zu beten, der Ewige möge diese Nachbarn für immer zum Schweigen bringen. Seine Frau Beruria war äußerst gelehrt und für ihre scharfe Zunge bekannt. Als sie hörte, dass ihr Mann für den Tod dieser Unruhestifter betete, war sie verzweifelt. Sie fragte ihren Mann: »Will Gott, dass die Übeltäter sterben? Nein! Gott möchte, dass sie aufhören, Böses zu tun, und anfangen, ein anständiges Leben zu führen. Wenn deine Gebete ihren Tod erwirken können, warum betest du dann nicht darum, dass sie ihre üblen Wege verlassen?« Als Rabbi Meir die Worte seiner Frau hörte, akzeptierte er ihre Argumente und betete darum, dass die Bösewichte ihren argen Weg verlassen und sich bessern. Sein Gebet wurde erhört, und die Nachbarn wurden zu rechtschaffenen Menschen.

Man könnte jetzt fragen: Warum wollte Rabbi Meir, dass sie sterben? Er war einer der weisesten Männer seiner Generation. Sicherlich wusste er, dass er sowohl für ihren Tod als auch für die Besserung seiner Nachbarn hätte beten können. Warum hat er sich dafür entschieden, ihren Tod durch Gott herbeiführen zu wollen? Und wenn seine Gebete solche Macht hatten, dass sie erhört wurden, warum antwortete Gott ihm nicht, als er um ihren Tod flehte, sondern erst, als er darum betete, dass sie sich bessern? Vielleicht dachte der Rabbi, dass es keinen Sinn hätte, seine Nachbarn davon überzeugen zu wollen, sich zu ändern. Meinte er, dass es ihm unmöglich gewesen wäre, diese Menschen dahingehend zu beeinflussen, dass sie ihre bösen Wege verlassen? War ihm diese Überzeugungsarbeit nicht der Mühe wert? Hatte er an all die Kriege mit ihrer furchtbaren Schlagkraft gedacht und daran, dass das Einschlagen friedlicher Prozesse, wenn es um Eintracht und Harmonie geht, selten von Erfolg gekrönt ist? Gehören nicht immer zwei dazu, um friedlich miteinander leben zu können? Also erschien es ihm viel einfacher, um den Tod der Nachbarn zu beten, als sie immer wieder zu ermahnen und sie zu überzeugen, ihr Verhalten zu ändern. Als seine Frau ihm sagte, dass es besser sei, für die Umkehr der Nachbarn zu beten, damit sie bereuen und sich bessern, bekannte sich Rabbi Meir zu seinem Fehler. Und nun wollte auch er wegen seiner üblen Ansicht und seines unrechten Handelns Buße tun.

Ein wichtiger Grundsatz im Judentum ist es, dass Gott die Menschen stets dazu auffordert, Reue zu üben. Wenn jemand aufrichtig Vergebung von Gott für eine unangemessene Handlung erbittet, die er zutiefst bedauert, wird der Allmächtige gewiss einlenken. Also betete Rabbi Meir dafür, dass er sein Handeln aufrichtig bereuen kann. Aber jetzt bezog er auch die Nachbarn in seine Bußgebete mit ein. Als er eingesehen hatte, dass der Ewige stets die Sühne wünscht, wusste er auch, dass Gott den Menschen die Fähigkeit vom Himmel herabschicken würde, ihre Wege zu bessern. Daraus lernen wir, wie wichtig es ist, immer das Beste für unsere Freunde und Nachbarn zu suchen. Und dass Gott immer unsere Entscheidung begrüßt, unsere eigenen Taten und unser Handeln zum Guten zu ändern.

ZWISCHEN-MENSCHLICHE BEZIEHUNGEN

Vom rettenden Anblick der Zizit: Wie ein Jeschiwebocher eine Prostituierte dazu brachte zu konvertieren

Jehoschua Ahrens

Im Talmud-Traktat Mechanot 44a diskutieren die Rabbinen über das Gebot der Zizit, der rituellen Schaufäden. Dazu erzählt Rabbi Nathan die Geschichte von einem frommen Jeschiwebocher, der eine kleine Schwäche hatte: Er hörte von einer Prostituierten, die derart attraktiv war, dass sie ein Vermögen für ihre Dienste verlangte. Der junge Mann schickte ihr die geforderten Goldstücke, besessen vom Traum, eine Nacht mit der schönsten Frau der Welt zu verbringen. Sie richtete ihm sieben reich verzierte – und offenbar sehr teure und überaus luxuriöse – Betten her, jeweils verbunden mit einer Stufe. Dann entkleidete sie sich, stieg hinauf und legte sich nackt auf das oberste Bett. Doch dann geschah etwas völlig Unerwartetes: »Als auch er hinaufstieg und sich nackt neben ihr niederlassen wollte, schlugen ihm seine vier Zizit gegen das Gesicht. Da ließ er sich hinabgleiten und blieb auf dem Boden sitzen. Hierauf ließ auch sie sich hinabgleiten und blieb auf dem Boden sitzen.« Kurz bevor er also die Dummheit seines Lebens begeht, verhindern das seine Zizit.

Die Hure ist gekränkt. Sie denkt, dass irgendetwas an ihr nicht stimmt. Sie fragt ihn: »Welchen Makel hast du an mir gefunden?« Er antwortet: »Noch nie habe ich eine so schöne Frau wie dich gesehen – doch der Ewige, unser Gott, hat uns aufgetragen, Zizit zu tragen. Und neben diesem Gebot heißt es zweimal: ›Ich bin der Ewige, euer Gott; Ich bin es, der dereinst bestrafen, und Ich bin es, der dereinst belohnen wird‹. Da kamen mir die Zizit nun wie Zeugen vor.« Die Schaufäden erinnerten ihn also daran, wer er ist und woran er glaubt. Er verstand sofort, wie töricht sein Vorhaben war, und ließ es sein, obwohl er so viel Geld dafür bezahlt hatte. Die Hure war perplex. Sie verstand nicht, was es sein konnte, das so viel wichtiger ist als ihre Schönheit und ihre damit verbundenen Dienste. Noch nie hatte jemand sie nackt gesehen und dann verschmäht. Die Ablehnung des Jeschiwebochers beeindruckte sie so sehr, dass sie der Sache auf den Grund gehen wollte. Also sagte sie zu ihm: »Ich lass dich nicht gehen, bis du mir deinen Namen gesagt hast, den Namen deiner Stadt, den Namen deines Lehrers und den Namen des Lehrhauses, in dem du das Gesetz lernst.« Er schrieb ihr alles auf einen Zettel und ging nach Hause.

Die Hure – die durch ihre Arbeit sehr vermögend geworden war – verkaufte alles, was sie besaß, gab ein Drittel der Regierung, ein Drittel den Armen, und ein Drittel behielt sie für sich. Nur ihre

Matratzen verkaufte sie nicht. Der Talmud fährt fort: »Alsdann kam sie zu Rabbi Chija ins Lehrhaus und sagte: ›Meister, man mache mich zur Konvertitin.‹ Er sprach zu ihr: ›Meine Tochter, hast du ein Auge auf einen der Schüler geworfen?‹ Da zog sie das Schriftstück hervor und reichte es ihm.« Die Hure, die sich vorher offenbar so für das Materielle und ein luxuriöses Leben interessiert hatte, ließ alles hinter sich und begann ein neues Leben. Sie trat zum Judentum über – und das ausgerechnet für den Mann, der sie zurückgewiesen hatte. Doch gerade dadurch hatte sie verstanden, dass es im Leben nicht auf das Materielle und Physische ankommt, egal, wie bequem und attraktiv es sein mag. Im Leben geht es um viel mehr: um das Spirituelle, die Seele, nicht um die kurze Erfüllung des Verlangens, sondern um die tiefe Befriedigung der wahren Liebe zu einem anderen Menschen.

Im Talmud heißt es: »Sodann sprach Rabbi Chija: ›Geh, freu dich deines Kaufes!‹ Jene Polster, die sie dem Jeschiwebocher verbotenerweise gebettet hatte, bettete sie ihm nun erlaubterweise. Dies ist die Belohnung in dieser Welt; die der künftigen Welt aber ist nicht zu ermessen.« Sie heirateten also, und er durfte mit ihr schlafen. Die beiden werden also doppelt belohnt: Er, der standhaft blieb durch die Zizit, kommt nun doch noch mit ihr zusammen – und sogar ganz exklusiv, so wie es kein Gold der Welt jemals vermocht hätte. Und sie, die durch ihre Fixierung auf das Oberflächliche den wahren Sinn des Lebens und dessen, was Liebe bedeutet, vergessen hatte, erfährt nun echte Intimität, Freude und Geborgenheit – einen ganz anderen Reichtum. Darüber hinaus werden beide in der kommenden Welt unermesslich belohnt. Und das alles dank der Zizit.

Die schöne Braut: Wie es dem Sohn von Rabbi Jehuda HaNassi mit seiner künftigen Frau erging

Vyacheslav Dobrovych

Vor 2000 Jahren hatte das jüdische Volk Bräuche, die uns heute sehr unbekannt vorkommen. Einer dieser Bräuche war, dass der Bräutigam nach der Verlobungsfeier mehrere Jahre lang, teilweise ein Dutzend Jahre, Tora lernte und erst danach zu seiner Verlobten zurückkehrte und das Eheleben begann. Das Studium wurde von der Familie der Braut bezahlt. Auf diese Art und Weise konnten die Brauteltern in die Gelehrsamkeit des zukünftigen Schwiegersohnes und damit auch in das Ansehen der Familie investieren. Der Bräutigam wiederum konnte sich dem Torastudium widmen, ohne sich um die Finanzierung zu sorgen. Der Talmud berichtet in Ketubot 62b von einer solchen Verlobung. Der Sohn von Rabbi Jehuda HaNassi sollte die Tochter von Rabbi Jossi ben Simra heiraten, um dann für zwölf Jahre das Land zu verlassen und dem Studium der Tora nachzugehen. Die Ehe war zuvor von den Vätern arrangiert worden. Doch diesmal sollte es anders kommen: Als der Bräutigam seine zukünftige Braut erblickte, war er derart angetan von ihrer Schönheit, dass er den Vater des Mädchens darum bat, das Studium auf sechs Jahre zu verkürzen. Als er einen weiteren Blick auf sie geworfen hatte, bat er darum, sie sofort heiraten zu dürfen und erst später studieren zu gehen.

Daraufhin begab sich der Bräutigam beschämt zu seinem Vater. Er war überzeugt davon, dass dieser ihn dafür ermahnen würde. Schließlich war seine Begeisterung für die Schönheit der Braut so groß gewesen, dass er, anders als es sein gelehrsamer Vater von ihm erwartete, seinem Studium nicht die erste Priorität gab. Doch sein Vater reagierte entspannt und sagte, dass sein Verhalten dem des Schöpfers ähnele. Rabbi Jehuda HaNassi machte seinen Sohn dabei auf zwei Stellen in der Tora aufmerksam: »Du (Gott) bringst sie (die Israeliten) hinein (in das Land Israel) und pflanzt sie ein auf dem Berg deines Erbteils (dem Tempelberg in Jerusalem), den Du, Ewiger, Dir zur Wohnung gemacht hast, zu Deinem Heiligtum, Ewiger, das Deine Hand bereitet hat.« Aus diesem Vers wird deutlich, dass die Israeliten zuerst nach Israel geführt werden und erst danach das Heiligtum erbaut wird. Später heißt es: »Und sie sollen mir ein Heiligtum (in der Wüste) machen, dass ich unter ihnen wohne.« Aus diesem Vers ist jedoch ersichtlich, dass bereits vor dem Einzug nach Israel ein Heiligtum erbaut werden soll. Rabbi Jehuda HaNassi erklärte seinem Sohn, dass Gott selbst – wie ein Bräutigam, der seine Braut erblickte – nicht mehr bis zum Einzug nach Israel habe warten wollen, um seiner Braut, dem Volk Israel, zu begegnen.

Diese Geschichte ist zentral für das Verständnis des talmudischen Gottesbildes. Gott und das Volk Israel werden mit einem Bräutigam und einer Braut verglichen und der Tempel als Ort ihrer Begegnung betrachtet, oder um es mit den Worten des Talmuds zu sagen, als der Ort, an dem »Himmel und Erde sich küssen«. Die Metaphorik von Braut und Bräutigam, stellvertretend für Gott und das Volk Israel, ist aus den biblischen Büchern bekannt. Schon der Prophet Jeremias vergleicht das Volk Israel mit einer Braut und Gott mit einem Bräutigam: »So spricht der Ewige: Ich denke daran, wie viel Zuneigung du mir in deiner Jugend gezeigt hast. Du hast mich geliebt, wie eine Braut ihren Bräutigam liebt. Du bist mir durch die Wüste gefolgt, durch das dürre Land. Damals gehörte Israel nur mir allein, so wie die erste Frucht der Ernte mir gehört.« In den biblischen Schriften gibt es verschiedene Metaphern für das Verhältnis zwischen Gott und Mensch: Vater und Kind, König und Diener – um nur einige zu nennen. Die Metaphorik von Braut und Bräutigam drückt eine neue Idee aus: Das Verhältnis zu Gott kann von Begierde, Vorfreude und frischer Verliebtheit geprägt sein.

Wahre Freunde: Über drei Dinge, die die wahre Natur eines Menschen offenbaren

Noemi Berger

Der Talmud kann aus ein und demselben Thema unterschiedliche Folgerungen und moralische Lehren ziehen. Im Traktat Schabbat 105b lernen wir, dass ein wütender Mensch nach der talmudischen Ethik mit einem Götzendiener zu vergleichen ist. An anderer Stelle leitet der Talmud aus derselben Quelle ähnliche, aber doch differenzierte Maßstäbe für das Verhalten eines Menschen ab. Wir lesen dort, dass es drei Dinge gibt, die die wahre Natur eines Menschen offenbaren. Dies basiert auf drei hebräischen Wörtern, die alle derselben morphologischen Wurzel entstammen: *Kosso* – sein Becher, *Kisso* – seine Tasche und *Ka'asso* – sein Zorn. Alle drei Begriffe gehen auf das hebräische Verb »eingeben«, »betreten«, »eintreten« zurück. Der Talmud stellt sie in einen inneren Zusammenhang. Dies legt nahe, dass jemand durch diese verschiedenen Hinweise und Aktivitäten einen tieferen Einblick in die wahre Persönlichkeit eines Menschen gewinnen kann, der sich als Freund ausgibt. Anhand dieser drei Begriffe lässt sich herausfinden, so unsere Weisen, ob es sich um eine echte Freundschaft handelt oder ob sie nur vorgegeben, geheuchelt und oberflächlich ist.

Der erste Hinweis – »sein Becher« – bezieht sich auf die Trinkgewohnheiten der Person. Ist dieser Mensch, auch wenn er trinkt und einen Rausch hat, dennoch friedlich, gutmütig und voller Heiterkeit? Oder ist er dann laut, aggressiv und gewalttätig? Was sagt er, wenn er getrunken hat oder gar high ist? Redet er Worte der Weisheit, oder spricht er über Themen, die er möglicherweise nicht ansprechen würde, wenn seine Mutter am Tisch säße? Ist er sich auch des Hungers und der Not anderer bewusst? Stellt er sicher, dass die Armen und Bedürftigen genug zu essen haben?

Der zweite Hinweis – »seine Tasche« – bezieht sich darauf, wie er sein Geld verwaltet. Handelt er ehrlich in seinen Geschäften? Gibt er sein Geld für seine Familie und Freunde aus? Achtet er darauf, Wohltätigkeit zu üben, zahlt er seine Kredite zurück? Oder ist er jemand, der sein Vermögen hortet und den man erst vor Gericht bringen muss, damit er die Forderungen begleicht? Oder noch schlimmer: Weigert er sich gar zu zahlen, selbst nachdem das Gericht gegen ihn entschieden hat? Gibt er sein Geld für Dinge aus, die keinen Segen in die Welt bringen, oder sieht er sein Vermögen als Geschenk, um die Welt zu einem besseren Ort für alle zu machen? Und wie verhält es sich mit seiner Fürsorge einem Freund gegenüber? Weiß er über die Situation seines Freundes Bescheid? Weiß er, ob es seinen Freunden gut geht oder ob sie seine Hilfe benötigen? Bemüht er sich herauszufinden, wie es um ihr Wohlbefinden steht, indem er sie fragt und dann geeignete Maßnahmen ergreift, um zu helfen? Oder vergisst er sie, wenn er sie länger nicht sieht?

Der dritte Hinweis: »Ka'asso«. Einerseits tritt der Zorn als heftiger Ärger, wutähnlicher Affekt, als Jähzorn oder als Zornesausbruch auf, der zu unkontrollierten Handlungen oder Worten führen kann. Der Zorn erscheint dann als Beherrscher des Menschen, der seinerseits seine Gefühlsregungen nicht mehr kontrolliert. Wie geht der Mensch mit seinem Zorn um? Ist er streitsüchtig? Wird er wütend und zornig über Dinge, über die er nicht wütend werden sollte? Wie lange hält sein Groll an? Entschuldigt er sich bei denen, die er möglicherweise beleidigt hat? Oder ist er jemand, der seinen Zorn kontrollieren kann? Ist er angesichts von Schicksalsschlägen und Prüfungen in seinem Leben dennoch demütig und bleibt ruhig?

Einige unserer Weisen sprechen noch von einem vierten Hinweis: dem Lachen. Was findet ein Mensch lustig oder amüsant? Lacht er über das Unglück anderer, oder kommt sein Lachen durch wahre Freude? Die Weisen sahen diese Charaktereigenschaften als Türen, durch die man hinter die Fassade eines anderen treten und erkennen kann, worum es ihm tatsächlich geht. Es ist eine gute Handhabung, um herauszufinden, wer wirklich Freund ist und wer nicht.

Wenn der Lehrling mit der Frau des Meisters: Wie Ehebruch zur Zerstörung des Tempels führte

Yizhak Ahren

Der Talmud fragt in Joma 9b: Was waren die wahren Gründe für die Zerstörung des von König Salomon erbauten Heiligtums in Jerusalem? Die Antwort, die sich auf Bibelverse stützt, lautet: »Wegen dreier Sünden, die da begangen wurden: Götzendienst, Unzucht und Blutvergießen.« Es folgt dann die Frage, weshalb der Zweite

Tempel zerstört wurde. Antwort: »Weil grundloser Hass herrschte.« Der Talmud zieht den Schluss: »Dies lehrt dich, dass grundloser Hass die Kardinalsünden Götzendienst, Unzucht und Blutvergießen aufwiegt.«

In einem anderen Traktat finden wir eine Schilderung jener Untat, die seinerzeit Gottes Urteil über die Tempelzerstörung besiegelt hat. Dieser schrecklichen Geschichte wird ein Vers aus dem Buch des Propheten Micha als Motto vorangestellt: »Sie üben Gewalt an dem Mann und an seinem Haus, an dem Menschen und an seinem Besitz.« Wie begann das tragische Geschehen? »Einst warf jemand sein Auge auf die Ehefrau seines Meisters; es war der Lehrling eines Tischlers.« Haim Weiss, Literaturwissenschaftler an der ›Ben-Gurion-Universität des Negev‹ (Be'er Sheva, südl. Israel), meint, der Ausdruck »warf sein Auge« deute an, dass der Lehrling die Frau seines Meisters durch magische Mittel habe an sich binden wollen. Diese Interpretation hat mich nicht überzeugt; es genügt meines Erachtens anzunehmen, dass der Lehrling das im Dekalog festgelegte Verbot »Du sollst nicht Gelüste tragen nach der Frau deines Nächsten« übertreten hat. Wir werden bald sehen, wie der Übeltäter sein Ziel durch List und Lüge erreicht hat; Magie war nicht im Spiel.

»Als der Meister einmal Geld borgen musste, sprach der Lehrling zu ihm: ›Schick deine Frau zu mir, ich will ihr das Darlehen geben.‹« Wir erfahren nicht, warum der Tischler in Geldnot geraten war, noch wird mitgeteilt, warum er sich ausgerechnet von seinem Lehrling aushelfen lassen wollte. Die Beziehungen zwischen Meister und Lehrling waren offenbar gut. »Der Tischler schickte seine Frau zum Lehrling, und dieser verbrachte mit ihr drei Tage.« Aus diesem Satz geht nicht hervor, was in diesen drei Tagen geschah; aber wir können uns vorstellen, dass es nicht sehr sittlich zugegangen ist. »Da die Frau nicht nach Hause zurückgekehrt war, machte sich der Tischler auf, ging zum Lehrling und fragte ihn: ›Wo ist meine Frau, die ich zu dir geschickt habe?‹ Dieser erwiderte: ›Ich entließ sie alsbald, habe jedoch gehört, dass unterwegs junge Männer sich mit ihr ergötzten.‹« Der Lehrling lügt dreist und erfindet das Gerücht von einer Gruppenvergewaltigung. »Da sprach der ratlose Tischler zu seinem Lehrling: ›Was mache ich nun?‹ Dieser meinte: ›Wenn du auf meinen Rat hören willst, so lass dich von ihr scheiden!‹ Jener entgegnete: ›Sie hat eine hohe Morgengabe.‹ Dazu sagte der Lehrling: ›Ich will dir Geld leihen, dann kannst du ihr die Morgengabe auszahlen.‹ Hierauf ließ sich der Tischler von der Frau scheiden, und der Lehrling heiratete sie.«

Der verlogene Lehrling hat also erreicht, was er sich wünschte. Wie soll man das Verhalten der Frau beurteilen? Etliche Gelehrte meinen, am tragischen Ehebruch sei die Frau mitschuldig. Mit der Scheidung und der Hochzeit ist die traurige Geschichte noch nicht zu Ende: »Als die Frist abgelaufen war und der Tischler nicht bezahlen konnte, sprach der Lehrling zu ihm: ›Komm und leiste bei mir Arbeit für deine Schuld.‹ Wenn der Mann und seine Frau beim Essen und Trinken saßen, stand der Tischler und schenkte ihnen ein. Die Tränen rollten ihm aus den Augen und fielen in die Becher.« Wortlos, aber sehr eindrucksvoll beklagte der Meister seine Verluste. Der Talmud merkt lakonisch an: »In jener Stunde ist das Urteil besiegelt worden.« Mit anderen Worten: Die Tempelzerstörung ist als eine göttliche Strafe zu betrachten für das mutwillige Zerstören einer jüdischen Ehe und für die Verkehrung der gesellschaftlichen Ordnung.

Mann und Frau, zwei Hälften: Der kleine Unterschied oder Adam und seine Rippe

Yael Deusel

Als der Ewige den Menschen erschuf, da erschuf Er ihn männlich und weiblich, nach Seinem Bild. Später wird beschrieben, wie dies vor sich ging, nämlich indem der Ewige aus einer Zela (Rippe, Seite) des Adam dessen weibliches Gegenstück machte, damit der Mensch nicht einsam sei und eine ihm angemessene Gefährtin zur Seite habe. Zweierlei erkennen wir daraus: zum einen, dass sowohl der Mann als auch die Frau nach dem Bild des Ewigen geschaffen sind, und zum anderen, dass beide zusammen ein Ganzes ergeben, wie es heißt: »dass sie werden zu einem Fleisch«. Ein vollständiger Mensch sind also nur beide zusammen. Diese beiden »Hälften« haben die Menschheit von jeher beschäftigt, und so manch einer betrachtete die Gehilfin des Mannes eher als lästig denn als gleichberechtigte Gefährtin. War es nicht auch die Frau, Eva, die den armen, unschuldigen Adam zum Essen der verbotenen Frucht verleitete? Und doch gilt das Wort des Ewigen: Es ist nicht gut, dass der Mensch allein sei. Ich will ihm eine Gehilfin machen, ihm angemessen, eine Hilfe ihm gegenüber (hebräisch: eser kenegdo). Der Midrasch sagt zu dieser Stelle, wenn der Mann Glück hat, ist ihm die Frau eine Hilfe (eser) – wenn nicht, stellt sie sich gegen ihn (kenegdo).

Die Frage nach dem Unterschied von Mann und Frau beschäftigte natürlich auch die Schüler der talmudischen Lehrer. Und so berichtet uns der Midrasch von einigen Diskussionen über den »kleinen Unterschied«. Rabbi Jehoschua wurde von seinen Schülern gefragt, warum der Mann beim Ausgehen den Blick nach unten richte, die Frau aber nach oben. Rabbi Jehoschua erklärt ihnen, dass der Mann den Boden anschaue, also die Erde, aus der er gemacht sei. Die Frau aber schaue das an, aus dem sie gemacht sei, nämlich aus der Seite des Mannes. Eigentlich tun sie damit beide das Gleiche, und doch kommt nicht dasselbe dabei heraus. Die Schüler fragten weiter: Warum ist ein Mann leicht zu erweichen, eine Frau aber nicht? Nun, sagt Rabbi Jehoschua, das liegt in ihrer jeweiligen Natur: Der Mann ist aus Erde geschaffen, und wenn du einen Klumpen Erde mit Wasser zusammenbringst, nimmt er es gleich auf und wird geschmeidig. Aber die Frau wurde aus einer Rippe geschaffen; und einen Knochen kannst du einweichen, solange du willst, er wird nicht weich. Und schließlich: Warum sucht der Mann die Frau und nicht umgekehrt? Da antwortet Rabbi Jehoschua. Das sei wie mit einem, der etwas verloren habe er gehe es suchen. Umgekehrt suche das Verlorene aber nicht den, der es verloren habe.

Dabei ist Rabbi Jehoschua sicher bekannt, was der Midrasch im gleichen Kapitel über einen Mann ohne Frau sagt, nämlich dass dieser ohne Glück, ohne Hilfe, ohne Freude, ohne Segen und auch ohne Sühne sei, zudem ohne Frieden und sogar ohne Leben. Raw Chija ben Gamdi fügt hinzu, ein solcher Mann sei noch nicht einmal ein vollständiger Mensch. Denn es stehe geschrieben: Im Bilde des Ewigen schuf Er den Menschen – männlich und weiblich –, und Er gab ihm den Auftrag: Seid fruchtbar und mehret euch. Der Midrasch zeigt sehr nachdrücklich die Ambivalenz im Verhältnis von Mann und Frau, in negativen und in positiven Aspekten. Und wenn der Abschnitt mit den Aussagen zu Nidda, Challa und Hadlakat Nerot schließt, den weiblichsten aller Mizwot, begründet er dies zwar mit den Verfehlungen von Eva, macht aber gleichzeitig deutlich, dass die Frau diese Vorschriften nicht zum Fluch, sondern zum Segen befolgt. Rabbi Jose sagt gar, als man ihn fragt, weshalb die Frau durch einen Diebstahl (der Rippe des Adam) entstanden sei: Wenn dir einer heimlich eine Unze Silber leiht, und du gibst ihm zwölf Unzen öffentlich zurück, nennst du so etwas Diebstahl? Unsere Weisen sagen dazu an anderer Stelle, die Frau sei nicht aus dem Kopf des Mannes erschaffen, damit sie nicht über ihn herrsche, auch nicht aus seinen Füßen, dass sie ihm untertan sei, sondern aus seiner Seite, auf dass sie ihm eine gleichberechtigte Partnerin sei, seinem Herzen nahe.

›Arbeiter zweimal, Eseltreiber einmal in der Woche‹: Von den Pflichten eines Ehemannes

Yizhak Ahren

Talmudische Texte sind nicht prüde, aber sie sind auch nie ordinär. Angelegenheiten des Sexuallebens werden offen und sachlich besprochen, und zwar in einer sehr dezenten Sprache. So heißt es im Talmud sogar an zwei Stellen: »Jeder weiß, wozu die Braut unter den Baldachin geführt wird. Doch wer seinen Mund beschmutzt und Schändliches aus seinem Mund hervorbringt, dem wird, selbst wenn ihm ein 70-jähriger Beschluss zum Guten besiegelt war, derselbe zum Bösen verwandelt.« Wie zu erwarten, erwähnt Maimonides, der Rambam, in seinem halachischen Kodex auch zahlreiche Fragen, die mit Sexualität zu tun haben. Bemerkenswert ist, dass derjenige, der Maimonides' Sittenlehren ins Deutsche übersetzte, mehrere Stellen zensiert hat. Zur Begründung schreibt er: »Dieser

Absatz enthält Vorschriften und Ratschläge auf dem Gebiet des ehelichen Lebens, die sich zur populären Wiedergabe in deutscher Sprache nicht eignen.« Die Tora behandelt sämtliche Bereiche des Lebens, und daher ist natürlich auch vom Eheleben die Rede. Eine der 613 Mizwot der Tora betrifft die Pflichten eines Ehemannes seiner Frau gegenüber: »Nimmt er sich auch eine andere, so darf er ihre Kost, ihre Gewandung und den Umgang mit ihr nicht schmälern.« Rambam erklärt, unter »Umgang mit ihr« (hebräisch: Onata) sei der Geschlechtsverkehr gemeint. Nach der Tora ist die Befriedigung der sexuellen Bedürfnisse seiner Frau die Pflicht des Mannes! Dies ist sogar einklagbar.

In der Mischna in Ketubot 5,6 wird die Frage nach der Häufigkeit des Intimverkehrs behandelt: »Die in der Tora genannte Gattenpflicht ist: Müßiggänger täglich, Arbeiter zweimal wöchentlich, Eseltreiber einmal wöchentlich, Kamelführer einmal in 30 Tagen, Seeleute einmal in sechs Monaten.« Aus dieser Mischna geht eindeutig hervor, dass es keine verbindliche Norm für alle Ehemänner gibt; individuelle Umstände sind zu berücksichtigen. So muss eine Frau, die einen Kamelführer geheiratet hat, damit rechnen, dass ihr Ehemann nicht jede Woche nach Hause kommt, da er beruflich unterwegs ist. Und die Frau eines Matrosen weiß, dass ihr Mann mehrere Monate auf See sein kann. In der Gemara wird die Frage aufgeworfen: »Wie ist es, wenn ein Eseltreiber Kamelführer wird?« Will sagen: Darf der Mann seinen Beruf wechseln, um mehr Geld zu verdienen, auch wenn seine Ehefrau dadurch weniger Sex haben wird? Die Halacha legt fest, dass ein Berufswechsel in der Regel nur mit Zustimmung der Frau erfolgen darf. Ihre sexuellen Bedürfnisse sind zu berücksichtigen. Ausnahme von der Regel ist ein Mann, der Toragelehrter werden möchte. An diesem lobenswerten Vorhaben kann seine Ehefrau ihn nicht hindern, auch wenn sie dadurch auf etwas weniger Sex Anspruch hat.

Was geschieht, wenn ein Mann seiner Pflicht nicht nachkommt? Tut er dies, um seiner Ehefrau Kummer zu bereiten, übertritt er die oben genannte Mizwa und hat schwerwiegende Konsequenzen zu tragen. Ist er krank oder impotent geworden, so erhält er eine Frist von sechs Monaten zur Genesung. Danach muss er entweder das Einverständnis der Frau zur Enthaltsamkeit erhalten oder er gibt ihr eine Scheidungsurkunde. Rabbiner Mosche Feinstein hatte den Fall eines Mannes zu erörtern, der schon bei der Eheschließung impotent war und seiner getäuschten – und enttäuschten! – Frau keinen Scheidebrief geben wollte. Feinstein entschied, dass die Eheschließung auf einem Irrtum beruht habe und die Frau daher nicht an den Impotenten gebunden sei.

Sind die in der Mischna genannten Zeiten noch gültig? Die Lebensumstände der Menschen und ihre Erwartungen haben sich seitdem erheblich geändert, dadurch entfällt die Berechnungsgrundlage des Talmuds. In unseren Tagen kommen zum Beispiel Seeleute viel häufiger nach Hause als in der talmudischen Zeit, die alte Regelung macht daher keinen Sinn mehr. Sogar bei Schriftgelehrten hat sich die Mindesthäufigkeit im Laufe der Geschichte geändert. Nach Maimonides müssen sie einmal pro Woche mit ihrer Frau schlafen. In unserer Zeit haben Dezisoren die Gattenpflicht eines Gelehrten auf zweimal pro Woche festgesetzt.

FAMILIE

Von wem das Kind ist: Über Vaterschaftsnachweise in der Antike

Yael Deusel

Als Tamar ihrem Schwiegervater Jehuda Siegel, Schnur und Stab schickt mit den Worten »Von dem Mann, dem diese Dinge gehören, bin ich schwanger«, da zweifelt Jehuda keinen Augenblick daran, dass sie die Wahrheit sagt. Und der Schwiegervater erkennt seine Verpflichtung Tamar gegenüber an. Dabei hätte er die Vaterschaft leicht abstreiten können. Denn wer hätte es ihm nachweisen wollen, ohne die genetischen Vaterschaftsnachweise, die wir heute zur Verfügung haben? Die Frage nach dem Vater eines Kindes ist vermutlich so alt wie die Menschheit. Daher war sie auch zu talmudischen Zeiten Gegenstand der Diskussion. Freilich, unter Einhaltung der Nidda-Regeln war der Zeitpunkt der Empfängnis für die werdende Mutter und vor allem für den dazugehörenden

Vater eines Kindes relativ genau nachzurechnen, zumindest für ein verheiratetes Paar. Da es aber damals noch keine Schwangerschaftstests gab, musste man sich darauf verlassen, dass sich die »anderen Umstände« erst nach drei Monaten zweifelsfrei bemerkbar machten, wie es an mehreren Stellen im Talmud heißt. Im Umkehrschluss konnte eine Schwangerschaft auch erst nach Ablauf von drei Monaten ausgeschlossen werden. Daher durfte eine Witwe erst drei Monate nach dem Tod ihres Ehemanns wieder heiraten. Damit wollte man sichergehen, dass ein Kind, das in der neuen Ehe geboren wurde, nicht doch den verstorbenen ersten Mann zum Vater hatte, insbesondere dann, wenn das Kind bereits sieben Monate nach der neuen Heirat zur Welt kam.

Dies war nicht nur eine ganz persönliche Frage, sondern durchaus auch eine rechtlich relevante, insbesondere in Erbschaftsfragen, wie die Tosfot zu Baba Mezia am Beispiel eines Sohnes aus einer Leviratsehe darlegen. Nun waren aber auch zur talmudischen Zeit nicht alle werdenden Mütter verheiratet. Im Talmud, Traktat Ketubot 13b/14a, lesen wir von einem Fall, der vor Rabbi Josef gebracht wurde: Ein Mann und seine schwangere Verlobte kamen zu ihm. Die Frau gab an, von ihrem künftigen Ehemann schwanger zu sein, und der Verlobte bestätigte das. Für Rabbi Josef war dies ein klarer Fall: »Worüber sollen wir uns hier Gedanken machen?« Und selbst wenn der Mann es abgestritten hätte, könne man sich doch immer noch darauf stützen, dass sich die Halacha nach Rabban Gamliel richte, der entschieden habe, die Aussage einer Mutter sei als glaubwürdig anzunehmen. »Nicht so schnell«, sagte Rabbi Abaje, »die Frau kann ja viel erzählen. Wer weiß denn, ob sie nicht noch mit anderen Männern Verkehr hatte?«

Die Frage der Vaterschaft war auch entscheidend für den Status des Kindes. Könne man wirklich ausschließen, dass dieses Kind nicht doch ein *Mamser* ist, also aus einer verbotenen Beziehung stammt, selbst wenn der angebliche Vater das Kind anerkenne? Wie sei denn sonst der Leumund der werdenden Mutter? Es ging dabei nicht nur um die Ehre der Mutter, sondern auch um den Status des Vaters und damit den rechtlichen Stand des Kindes. Die Klärung der Vaterschaft war wohl jeweils eine individuelle Entscheidung des Beit Din, wobei der Standpunkt von Rabban Gamliel sicherlich zum häuslichen Frieden beigetragen haben dürfte, zumindest aus Sicht der Kindsmutter. Und wenn der Vater nicht bekannt war? Auch solche Fälle kennt der Talmud. Ein solches Kind nannte man Schetuki, »weil seine Mutter es still sein heißt, wenn es nach seinem Vater fragt«. Immerhin, wenn sich denn ein Vater so seinen Pflichten entzog, hatte auch der Sohn ihm gegenüber keinerlei Verpflichtung, selbst wenn er später den Namen seines Vaters erfuhr. Er konnte diesen Vater sogar straflos verwünschen, wie es verschiedene Kommentatoren ausführen. Letztlich bleibt festzuhalten, was der Talmud nahelegt mit den Ausführungen zum Verbot einer Beziehung mit der Schwester des Vaters, nämlich dass eine Vaterschaft niemals zweifelsfrei feststand.

Kinder und Enkel: Vom Gebot, fruchtbar zu sein und sich zu vermehren

Avraham Radbil

Der Talmud im Traktat Jewamot 62b sagt, dass die Enkelkinder wie eigene Kinder betrachtet werden. Dies weist darauf hin, dass jemand die Mizwa, fruchtbar zu sein und sich zu vermehren, auch im Todesfall seiner Kinder erfüllt hat, wenn die Kinder eigene Kinder hatten, denn diese werden als seine eigenen Kinder betrachtet. Laut dem Talmud bezieht sich dies auch auf die Vollendung der erforderlichen Anzahl von Kindern – ein Junge und ein Mädchen. Wenn jemand zum Beispiel nur einen Sohn hatte und der aber eine Tochter hat, so hat er die Mizwa erfüllt. Die Gemara erhebt Einspruch gegen die Meinung von Raw Huna zu einer anderen Barajta: Wenn eines der Kinder eines Mannes starb oder sich herausstellte, dass der Sohn ein Eunuch war, so hat der Vater die Mizwa, fruchtbar zu sein und sich zu vermehren, nicht erfüllt. Die Gemara bekräftigt ausdrücklich: Die Widerlegung der Meinung von Raw Huna sei in der Tat eine schlüssige Widerlegung.

Rabbi Abaje sagte: Wenn die Kinder sterben, erfüllt er die Mizwa, fruchtbar zu sein und sich durch Enkel zu vermehren – vorausgesetzt, seinem Sohn wurde ein Sohn und seiner Tochter eine Tochter geboren, und umso mehr, wenn seiner Tochter ein Sohn geboren wurde. Denn in diesen Fällen treten seine Enkel an die Stelle seiner Kinder. Wenn seinem Sohn jedoch eine Tochter geboren wurde, kann sie nicht den Platz ihres Vaters einnehmen. Rawa sagte zu ihm: Wir verlangen lediglich die Erfüllung des Verses: »Er formte sie (die Erde), damit sie bewohnt wird.« Und in diesem Fall werde die Mizwa erfüllt, denn die Erde werde von seinen Nachkommen bewohnt.

Die Gemara kommentiert: Es sind sich alle darin einig, dass, wenn man zwei Enkel von einem Kind hat, man die Mizwa nicht erfüllt hat, fruchtbar zu sein und sich zu vermehren, selbst wenn man sowohl einen Enkel als auch eine Enkelin hat. Wieso nicht? Sagten die Rabbiner nicht zu Raw Scheschet: »Heirate eine Frau und zeuge Söhne, da du noch keine Söhne gezeugt hast!« Und Raw Scheschet sagte zu ihnen: »Die Söhne meiner Tochter sind meine Söhne.« Dies weist darauf hin, dass man die Mizwa durch Enkel erfüllen kann, selbst wenn man keinen eigenen Sohn und keine eigene Tochter hat. Die Gemara antwortet: Der wahre Grund, warum Raw Scheschet nicht wieder heiraten wollte, war, dass er durch Raw Hunas Diskurs impotent geworden war. Denn Raw Hunas Reden waren so lang, dass Raw Scheschet ohnmächtig wurde, nachdem er so lange gewartet hatte, um sich zu erleichtern.

Rabba sagte zu Rawa bar Mari: Woher kommt diese Sache, die die Weisen erklären, dass Enkelkinder wie Kinder betrachtet werden? Wenn wir sagen, es leite sich von der Tatsache ab, dass in Lawans Rede an Jakob, geschrieben in der Tora, steht: »Die Töchter sind meine Töchter, und die Kinder sind meine Kinder«, dann deutet es darauf hin, dass Jakobs Kinder auch als die Kinder ihres Großvaters Lawan angesehen wurden. Wenn dem so ist, deutet die Fortsetzung von Lawans Aussage: »Und die Herden sind meine Herden«, darauf hin, dass auch Jakobs Herden als zu Lawan gehörend betrachtet wurden. Aber Lawan sagte vielmehr, dass er, Jakob, sie von ihm erworben habe. Dementsprechend sagte Lawan über die Kinder: »Du (Jakob) hast sie von mir erworben«, das heißt, er hat nur dank Lawan Kinder bekommen.

Die Begründung stammt aber letztlich aus folgenden Versen der Bibel: »Und danach ging Hezron hinein zu Machirs Tochter (…), und sie gebar ihm Segub« (1. Chronik 2,21). Und: »Aus Machir kam herab ein Statthalter« (Richter 5,14), und: »Jehuda ist mein Statthalter« (Psalm 60,9). Folglich wurden die Statthalter, die aus dem Stamm Jehuda stammten, auch die Söhne Machirs genannt, der aus dem Stamm Manasche stammte. Dies muss daran liegen, dass sie die Kinder von Machirs Tochter und Hezron waren. Und das deutet darauf hin, dass Enkel als Kinder betrachtet werden.

Die Zeichen der Pubertät: Woran man einen Erwachsenen erkennt

Yael Deusel

Der Talmud beschäftigt sich mit zahlreichen Dingen des menschlichen Lebens, so auch mit der Pubertät, allerdings weniger mit deren psychologischer Problematik. Unseren Weisen war durchaus bewusst, welche körperlichen Veränderungen den Eintritt ins Pubertätsalter markieren, wenn sie es auch noch etwas pragmatischer ausdrückten als heutige Lehrbücher für Kinder- und Jugendärzte. Dies war von Bedeutung, weil sich daraus entsprechende Folgen für den rechtlichen Stand eines jungen Menschen in der jüdischen Gesellschaft ergaben, zumindest in talmudischer Zeit. Für einen Jungen bedeutete es unter anderem, dass er ab jetzt, wie Rabbi Jochanan sagt, beim Simun im Birkat Hamason, der gesprochen wird, wenn mindestens drei Männer zusammengegessen haben, miteingeschlossen ist. Dazu merkt Rabbi Nachman im Talmud-Traktat Brachot 47b allerdings an, dass es weniger auf Lebensalter und körperliche Reifezeichen ankomme als vielmehr darauf, dass einer wisse, wen man preise. Zwar gelte der pubertierende Junge noch nicht als erwachsen, sondern als »reifer Minderjähriger«, doch dürfe er von nun an auch die Brachot vor dem Schma rezitieren, wie der Rambam ausführt. Als vollgültiger Erwachsener zählte der junge Mann allerdings erst, wenn ihm ein ordentlicher Bart gewachsen war, wie der Talmud an anderer Stelle ausführt, was beispielsweise für den Tempeldienst Bedeutung hatte. Strafmündigkeit und Rechtsfähigkeit bestanden jedoch auch damals schon vor dem Erreichen des so definierten Erwachsenenalters.

Ein wenig anders sah es bei einem Mädchen aus. Hier ging es vorwiegend um die Frage, ab wann sie spätestens verheiratet werden solle, zur damaligen Zeit nämlich am besten noch vor Eintritt der Pubertät – um möglichst ihre Reinheit zu garantieren, aber auch, weil sie mit Auftreten der Pubertätszeichen nicht mehr in allen Dingen der vollen rechtlichen Autorität ihres Vaters unterstand. Hatte sie der Vater als Magd verkauft, solange sie noch ein Kind war, kam sie zudem mit Beginn der Pubertät von ihrem Dienstherrn sofort ohne Zahlung einer Ablöse frei. In dieser Hinsicht war ausnahmsweise einmal ein Mädchen im Vorteil gegenüber einem Jungen, der als hebräischer Knecht eben nicht durch die Pubertät frei wurde.

Und wenn die Zeichen der Pubertät ausblieben? Auch solche Fälle waren den talmudischen Weisen geläufig, genauso wie das Gegenteil davon, nämlich eine vorzeitig eintretende Pubertät. Während Letzteres eher weniger Konsequenzen hatte, war Ersteres doch von Bedeutung für die Betroffenen, nicht nur im medizinischen Sinn, sondern auch nach deren rechtlichem Stand. Manchmal war es durchaus notwendig, als Erwachsener agieren zu können, beispielsweise in Fragen des Erbrechts. In solchen Fällen mussten die Betroffenen nachweisen können, dass sie 20 Jahre alt waren. Übrigens konnten auch Personen ohne sichere geschlechtsspezifische Pubertätsmerkmale heiraten. Während eine solche Eheschließung im Fall eines als männlich Betrachteten eher schon im Bewusstsein seiner Unfruchtbarkeit erfolgt sein mag, stellte sich das bei einer als weiblich geltenden Person, die nach damaligem Usus ja vor Eintritt der Pubertät verheiratet wurde, möglicherweise erst einige Zeit später heraus, was dann für den Ehemann ein Scheidungsgrund war. Diese Bedenken äußert bereits Rabbi Meir, hier im Zusammenhang mit der Leviratsehe, und zwar für beide Geschlechter. Wohl halten die Rabbinen dagegen, die meisten Mädchen ebenso wie die meisten Jungen würden sich ja normal entwickeln. Dennoch folgt die Mischna in diesem Punkt Rabbi Meir. Und wenn doch Zweifel am Eintritt der Pubertät bestehen? Dazu nennt uns Raw Sewid ein unfehlbares Merkmal, nämlich dass ein Mädchen, das entbindet, die Pubertät auf jeden Fall erreicht hat: keine Kinder ohne Zeichen der Pubertät.

Im Mutterleib: Von den Tagen vor der Geburt

Yizhak Ahren

Im Talmud-Traktat Nidda 30b finden wir Aussagen über das Leben eines Fötus: »Rabbi Simlai trug vor: Das Kind im Leibe seiner Mutter gleicht einer gefalteten Schreibtafel (hebräisch: *Pinkas*). Seine Hände an den zwei Schläfen, die Armgelenke an beiden Kniegelenken, beide Fersen an den zwei Hinterbacken, und der Kopf befindet sich zwischen den Schenkeln … Auf seinem Kopf brennt ein Licht, und das Kind schaut und sieht von einem Ende der Welt bis zum anderen Ende.« Es gibt keine Tage, die der Mensch so angenehm verbringt wie diese. Das ist aber noch nicht alles, was das ungeborene Kind erfährt: »Man lehrt es die ganze Tora, wie es heißt: ›Er unterwies mich und sprach zu mir: Es erfasse dein Herz meine Worte, wahre meine Gebote, und du wirst leben‹ … Sobald das Kind das Licht der Welt erblickt, kommt ein Engel, gibt ihm einen Klaps auf den Mund und lässt es die ganze Tora wieder vergessen, denn es heißt: ›Vor der Tür ruht der Mangel‹.« Rabbi Simlai berichtet weiterhin: »Der Fötus kommt von dort nicht eher heraus, als bis man ihn hat schwören lassen, denn es heißt [in den Propheten]: ›Denn mir beugen wird sich jedes Knie, jede Zunge schwören‹ … Wie lautet der Schwur, den man ihn schwören lässt? Sei ein Gerechter (hebräisch: *Zadik* und nicht ein Frevler (hebräisch: *Rascha*). Und auch, wenn die ganze Welt zu dir sagt, du seiest ein *Zaddik*, so sei doch in deinen Augen ein *Rascha*. Und wisse, dass der Heilige, gepriesen sei Er, rein ist, Seine Diener rein sind, und die Seele, die Er in dich getan, rein ist. Bewahrest du sie in Reinheit, so ist es recht, wenn aber nicht, so nehme ich sie dir ab.«

Beim Lesen des zitierten Talmudtextes drängt sich die Frage auf: Warum bringt man dem Fötus die ganze Tora bei, wenn man sie ihn dann wieder vergessen lässt? Rabbiner Jakob Ettlinger gab daraufolgende Antwort: Der Unterricht sei deshalb notwendig, weil der spätere Schwur sonst überhaupt nicht verständlich wäre; Torawissen sei die Voraussetzung für das Leben eines Gerechten. Rabbiner Joseph B. Soloveitchik hat eine andere Antwort: Er meint, Rabbi Simlai wolle uns sagen, dass ein Jude, der eifrig die Tora studiere, mit einer bereits bekannten Materie konfrontiert werde und nicht mit einem fremden Stoff. Toralernen sei also die Wiederaneignung von etwas Vertrautem. Diese Auffassung erinnert an Platons Erkenntnistheorie und Seelenlehre.

Der Schwur, von dem Rabbi Simlai berichtet, macht uns deutlich, dass das menschliche Schicksal nicht vorherbestimmt ist. Jeder Mensch kann wählen, ob er als *Zaddik* oder als *Rascha* leben will. Der Satz »Und auch, wenn die ganze Welt dir sagt, du seiest ein *Zaddik*, so sei doch in deinen Augen ein *Rascha*« scheint im ersten Augenblick der folgenden Mischna zu widersprechen: »Sei nicht in deinen Augen ein *Rascha!*« Jedoch haben beide Sätze ihre Berechtigung: Der Schwur erinnert daran, dass niemand perfekt ist; jeder ehrliche Mensch wird etwas finden, das er verbessern könnte. Die gesunde Selbstkritik darf aber nicht so weit gehen, dass man sich für einen

Rascha hält, dessen Buße Gott nicht annehmen wird. Der Ewige erhört jedes aufrichtige Gebet und ist gnadenvoll gegen Sünder.

Rabbi Simlai hat das Bild einer zusammengefalteten Schreibtafel verwendet. Und Rabbiner David Flatto hat dieses Bild wie folgt erläutert: Wenn unsere Weisen von einem offenen *Pinkas* redeten dann meinten sie, dass auf der Tafel Handlungen des Menschen registriert würden. Ein Fötus könne noch nicht handeln; daher sei der *Pinkas* noch leer, zusammengefaltet. Erst nach der Geburt fange eine »Buchführung« an. – Welch ein Kontrast wird uns vor Augen geführt: Beim Fötus ist die »Wissensbank« voll, die Schreibtafel hingegen noch eine Tabula rasa. Der Amoräer Rabbi Simlai lehrt, dass der Mensch nie eine Zeit so angenehm verbringe wie die gezählten Tage im Mutterleib.

Der richtige Zeitpunkt: In welchem Alter man eine Familie gründen sollte

David Geballe

Im Traktat Kidduschin schreibt der Talmud über das perfekte Alter fürs Heiraten. Über mehrere Seiten hinweg diskutieren unsere Weisen über dieses Thema – bis sie schließlich einen Konsens finden: Der richtige Zeitpunkt liegt zwischen 18 und 24 Jahren. »Wenn man bis dann nicht heiratet, sagt Gott, dass seine Knochen anschwellen sollen.« Das heißt: Wer bis 24 nicht heiratet, ist verflucht, und Gott hat kein Interesse mehr an ihm. Spätestens mit 24 soll ein Vater seinen Sohn zwingen zu heiraten. »Rawa sagte zu Rabbi Natan bar

Ami: ›Wenn deine Hand noch auf seinem Nacken ist‹.« Solange man also noch Kontrolle über das Leben seines Sohnes hat, soll man für ihn eine Frau finden.

In den Sprüchen der Väter lesen wir: »Mit fünf Jahren (wird das Alter) für das Studium der Schrift (erreicht); mit zehn (für das Studium) der Mischna; mit 13 (zur Erfüllung) der *Mizwot*; mit 15 (für das Studium) des Talmuds; mit 18 für die Ehe.« Unsere Weisen fragen: Wenn das Heiraten eine *Mizwa* ist, warum ist man dann nicht schon ab 13 Jahren dazu verpflichtet? Sie nennen zwei Gründe. Wie der Talmud erklärt, muss ein junger Mann, bevor er heiratet, die Grundlagen der Tora lernen, um seine Weltsicht zu formen und zu wissen, wie man gemäß der *Halacha* lebt. Wenn man zuerst heiratet, kann die Last, seinen Lebensunterhalt zu verdienen, den jungen Mann daran hindern, angemessen Tora zu lernen. – In früheren Zeiten haben junge Männer, während sie die Grundlagen der Tora lernten, einen Teil des Tages damit verbracht, ein Haus zu bauen und Geld zu sparen, um Werkzeug zu kaufen, um ihren Lebensunterhalt zu verdienen. Deshalb verschoben die Weisen das Heiratsalter für Männer bis zum 18. Lebensjahr.

Die *Gedolei Haposkim*, bedeutende jüdische Gesetzeshüter, schrieben, dass es nach dem strengen Gesetz der Gemara verboten sei, die Ehe über das 20. Lebensjahr hinauszuschieben. Um aber Tora zu lernen, oder in schwierigen Zeiten und bei finanziellen Problemen, könne die Ehe auf das Alter von 24 Jahren verschoben werden. Doch die Lebenssituation von heute kann nicht mit der in früheren Zeiten verglichen werden. Das Leben ist komplexer geworden, und es bedarf mehr Zeit, sich darauf vorzubereiten. In der Vergangenheit war das Erlernen von *Tanach* und *Mussar* (Ethik) auf einer einfachen Ebene und das Lernen des Religionsgesetzes ausreichend, um ein jüdisches Haus zu gründen. Es genügte, bis zum 18. Lebensjahr mit dem Vater ein paar Stunden am Tag zu arbeiten, um sich einen Beruf anzueignen, sogar ein wenig Geld für die Hochzeit zu sparen und ein Haus zu bauen. Heute dauert es länger, einen Beruf zu erlernen. Und die Häuser, in denen wir leben, sind viel teurer als früher, denn sie sind größer und mit Wasser und Strom ausgestattet.

Wenn man heute also die Ehe aufschieben würde, bis eine Person alle Grundlagen der Tora abgeschlossen, das Studium für einen geeigneten Beruf beendet und ein Haus gekauft hat, dürften die meisten jungen Leute erst nach dem 30. Lebensjahr heiraten. Eine solche Verschiebung ist laut Halacha nicht möglich, denn auch wenn die Welt komplexer ist, hat sich die emotionale und physische Natur des Menschen doch kaum verändert. Unsere Weisen sagten: »Jeder, der keine Frau hat, ist kein richtiger Mann und lebt ohne Freude, ohne Segen, ohne Güte, ohne Tora, ohne eine schützende Mauer und ohne Frieden.« Es gibt ein Limit, wie lange ein Mann unter solchen Umständen leben kann. Es ist heute schwierig, das Heiratsalter festzulegen, da jeder Mensch und seine Umstände anders sind. Doch wenn die Voraussetzungen erfüllt sind, sollte er (oder sie) alles tun, um einen Ehepartner zu finden.

Erziehung zur Wahrhaftigkeit: Kleine Notlügen im Sinne des Hausfriedens

Yizhak Ahren

Im Traktat Jewamot 63a lesen wir: »Raw wurde von seiner Frau gepiesackt. Sagte er ihr, sie solle ihm Linsen kochen, so kochte sie Kichererbsen; bat er um Kichererbsen, dann kochte sie Linsen.«

Gern wüssten wir, warum die Frau den Wunsch ihres Mannes nicht erfüllte. Wollte sie ihn provozieren? Raw scheint sich mit der misslichen Lage abgefunden zu haben: Dann hängt der Haussegen eben schief. Chija, dem Sohn des Ehepaares, gelang es, die unerfreuliche Situation zu wenden: »Als Raws Sohn Chija heranwuchs, bestellte er verkehrt.« Raschi erklärt: »Sagte der Vater zum Sohn: ›Richte deiner Mutter aus, sie möge mir Linsen kochen‹, so sagte ihr Chija, der Vater bitte um Kichererbsen – und sie servierte ihm Linsen.« Durch Chijas Umkehrung des Auftrags erhielt der Vater die gewünschte Speise. Chija log seine Mutter an, indem er die Bestellung des Vaters einfach änderte. Durfte er das tun? Rechtfertigt die gute Absicht nach der Halacha das Sagen der Unwahrheit?

In der Regel darf man nach dem Gesetz der Tora nicht lügen. Aber aus mehreren Fällen in der schriftlichen Tora leitet der Talmud ab, dass man um des Friedens willen doch von der Wahrheit abweichen dürfe. So wird unserem Stammvater Abraham eine Bemerkung seiner Ehefrau Sara falsch überliefert, wie im Talmud an anderer Stelle steht: »In der Schule Rabbi Jischmaels wurde gelehrt: Bedeutend ist der Friede, dass sogar der Heilige, gepriesen sei Er, seinetwegen ein Wort geändert hat. Sara sagte: ›Mein Mann ist alt‹, und im folgenden Vers heißt es: ›Da sprach der Ewige zu Abraham …, und ich bin alt‹.« Und ebenso wird im Namen von Rabbi Eleasar Ben Rabbi Schimon gelehrt: »Man darf des Friedens wegen von der Wahrheit abweichen, denn es heißt (in der Tora): ›Dein Vater (Jakob) hat geboten … Also sprecht zu Josef: Vergib doch die Missetat deiner Brüder und ihre Schuld!‹« In Wirklichkeit haben Josefs Brüder die Botschaft des Vaters frei erfunden! Denn, wie Raschi erklärt, Josef war in den Augen Jakobs überhaupt nicht verdächtig gewesen. Die dem Vater zugeschriebene Bitte könne er daher nicht geäußert haben. – Es gibt noch einige weitere Fälle, in denen ein Abweichen von der Wahrheit zulässig ist. Der Rambam, Maimonides, hat sie in seinem religionsgesetzlichen Werk ›Mischne Tora‹ kodifiziert.

Kehren wir nun zu unserer Geschichte zurück. Es fällt nicht schwer, Chijas Tun zu beurteilen: Er wollte die Beziehung zwischen seinen Eltern verbessern. Um den Ehefrieden wiederherzustellen, war es ihm erlaubt, den Auftrag des Vaters zu ändern. Raw fiel die positive Entwicklung auf, und er sagte zu seinem Sohn: »Deine Mutter hat sich gebessert!« Chija erwiderte: »Ich bestelle immer verkehrt.« Da sprach der Vater zum Sohn: »Das ist es, was die Leute zu sagen pflegen: ›Der aus dir hervorgeht, belehrt dich.‹« Neidlos stellte Raw damit fest, er hätte die Taktik des Sohnes anwenden sollen. Doch wies er seinen Sohn zurecht: »Du aber tu dies nicht mehr! Denn es heißt: ›Sie lehren ihre Zunge Lügen reden‹.« Auf den ersten Blick ist diese Anweisung unverständlich: Wenn man um des Friedens willen von der Wahrheit abweichen darf – warum sollte Chija dies nicht mehr tun? Rabbiner Jeschaja HaLevi Horowitz erklärt Raws Argumentation wie folgt: Nachdem Chija dem Vater einen wahrhaftigen Weg zum Ziel gewiesen habe, sollte der Sohn es von nun an vermeiden zu lügen. Eine andere Erklärung der väterlichen Zurechtweisung hat Rabbiner Menachem Me'iri gegeben. Nach Auffassung dieses Talmud-Kommentators darf jemand nur in einem solchen Fall um des Friedens willen von der Wahrheit abweichen, wenn sonst etwas Schlimmes geschehen würde. Raw war jedoch bereit, die Unbotmäßigkeit seiner Frau zu tolerieren. Er zog es vor, lieber die Respektlosigkeit der Ehefrau zu ertragen, als dass sein Sohn sich an das Aussprechen von Lügen gewöhne.

LERNEN UND STUDIEREN

Mehr Zeit fürs Toralernen: Welchen Bereich des Lebens man einschränken sollte, um intensiver studieren zu können

Yizhak Ahren

In einer Barajta werden 48 Dinge aufgelistet, durch die die Tora erworben wird. Eines der Mittel, die man beim Anstreben der Tora-Krone durch Selbstarbeit erringen muss, lautet: »Einschränkung von *Derech Erez*«. Wörtlich übersetzt bedeutet *Derech Erez*: Weg des Landes. Aber was meinte der Verfasser der Barajta? Welche Aktivität ist einzuschränken? Auf diese Frage sind verschiedene Antworten gegeben worden.

Der Maharal von Prag, Rabbi Jehuda Löw (1520–1609), meint, die Barajta fordere dazu auf, die normale Arbeit (hebräisch: *Melacha*) einzuschränken, die notwendig sei, um den Lebensunterhalt zu verdienen. Je weniger Stunden ein Jude am Arbeitsplatz verbinge, desto mehr Zeit bleibe ihm fürs Torastudium. Doch der Maharal erwähnt auch einen möglichen Einwand gegen diese Erklärung. Die Liste der 48 Dinge enthält nämlich auch den Punkt »Beschränkung im Handel« (hebräisch: *Sechora*). Ist diese Einschränkung nicht identisch mit »Beschränkung von Lohnarbeit«? Zur Entkräftung des Einwands stellt der Maharal fest, dass *Sechora* und *Melacha* nicht voneinander abzuleiten seien. Da es im Talmud heiße: »Ohne *Derech Erez* keine Tora« müsse die Einschränkung von *Derech Erez* ausdrücklich genannt werden. Und die Beschränkung von *Sechora* müsse deshalb erwähnt werden, weil Handel weniger Zeit in Anspruch nehme als Lohnarbeit – trotzdem solle man die Handelszeit knapphalten.

Ein Talmudkommentator aus dem 13. Jahrhundert, Rabbiner Menachem Me'iri, sieht in »Einschränkung von *Derech Erez*« einen anderen Lebensbereich angesprochen als die Arbeits- und Handelswelt. Nach seiner Interpretation bedeutet *Derech Erez* in unserer Barajta Geschlechtsverkehr. Um Tora zu erwerben, solle die erlaubte sexuelle Aktivität eingeschränkt werden. Unsere Barajta fordert keine Enthaltsamkeit, sondern eine Form der Selbstheiligung. *Derech Erez* als Bezeichnung des Intimlebens von Mann und Frau kommt übrigens bereits in der Tora vor, in der Geschichte von Lots Töchtern: »Da sprach die Ältere zur Jüngeren: Unser Vater ist alt, und kein Mann ist mehr auf Erden, um zu uns zu kommen nach der Weise aller Welt.« Auch im Talmud im Traktat Joma 74b wird *Derech Erez* in diesem Sinne ausgelegt. Von einem Zeitgenossen, Rabbiner Hillel Goldberg aus Denver, stammt eine psychologische Erklärung des Zusammenhangs von eingeschränkter Sexualität und Tora-Erwerb. Er führt aus, eine gesunde Limitierung des Geschlechtslebens verhindere diverse Fehlentwicklungen und schaffe eine existenzielle Befriedigung, die förderlich sei für die Aneignung der Tora.

Eine dritte Möglichkeit, *Derech Erez* zu übersetzen, verdanken wir Rabbiner Samson Raphael Hirsch: »Beschränkung in bürgerlichen Angelegenheiten«. Er erläutert seine Auffassung: »Das ganze irdische Einzel- und Gesamtleben bildet den Gegenstand der Tora-Wissenschaft. In das menschengesellschaftliche Bürgerliche einzugehen und sich mit dessen Angelegenheiten zu beschäftigen, gehört daher nicht nur zu den nicht zu vernachlässigenden Pflichttätigkeiten, sondern gewährt auch einen nicht zu unterschätzenden Beitrag zu der von der Wissenschaft geforderten Sachkenntnis. Aber auch hier ist die Beschränkung notwendig, wenn Zeit, Geistesklarheit und Gemütsruhe für die Pflege der Wissenschaft gewahrt bleiben soll.«

Es wäre falsch, an dieser Stelle die Frage aufzuwerfen, welche der drei besprochenen Übersetzungen die richtige sei. Denn alle drei sind wohlbegründet und beachtenswert! Allenfalls kann jeder von uns sagen: Mir gefällt eine bestimmte Deutung besonders gut.

Geduld zahlt sich aus: Wie Rabbi Perida das Gelernte 400-mal für seinen Schüler wiederholte

Diana Kaplan

Im Traktat Eruwin 54b erzählt der Talmud eine Geschichte, die sich gut auf unsere Zeit übertragen lässt. Sie handelt von einem geduldigen Lehrer und seinem etwas begriffsstutzigen Schüler. Der Lehrer hieß Rabbi Perida und war ein großer Gelehrter. Er pflegte mit seinem Schüler das Gelernte 400-mal zu wiederholen, ehe der Schüler es verstand. Einmal rief man den Rabbiner zu einer Mizwa, als er gerade mit seinem Schüler lernte. Er hatte wie gewohnt schon 400-mal das Gelernte mit seinem Schüler wiederholt, und doch konnte dieser das, wie ursprünglich gewohnt, nicht verstehen. Da sagte Rabbi Perida zu ihm: »Wie kommt es, dass du jetzt weniger kannst als ein andermal, obwohl ich schon 400-mal mit dir gelernt habe?« Der Schüler sagte: »Von dem Moment an, als man euch zu der Mizwa rief, habe ich mich nicht mehr konzentrieren können, denn ich dachte, gleich wird der Rabbi gehen.« Da sagte Rabbi Perida: »Mein Sohn, ich will es noch weitere 400 Male mit dir durchgehen.« Und er lernte weiter mit dem Schüler, bis er es konnte. Die Geschichte endet damit, dass eine Stimme vom Himmel ertönte und Rabbi Perida fragte, was ihm lieber wäre: noch 400 Jahre zu leben oder, dass er und seine Generation gleich ins Paradies kämen. Er zog es vor, mit seiner Generation gleich ins Paradies zu kommen. Und welche Antwort ertönte daraufhin vom Himmel? »Gebt dem Zadik beides: das Paradies und noch 400 Jahre zu leben.« So reich wurde Rabbi Perida für seine Geduld mit dem Schüler belohnt.

Natürlich erscheint uns die Summe der 400 Wiederholungen übertrieben und nicht realistisch. In welcher Schule, mit welchem Lehrer kann es so etwas tatsächlich geben? Und doch ist die Geschichte lehrreich: Denn Rabbi Perida behandelte seinen Schüler entsprechend dessen Persönlichkeit. Er passte sich ihm an, gab nicht auf und wurde nicht zornig, wenn der Junge das Gelernte nicht so schnell verstand. Der große zeitgenössische Lehrer Rabbiner Schlomo Wolbe schreibt in seinem Buch »Säen und Bauen in der Erziehung«, dass kein Kind und folglich kein Schüler dem anderen gleicht. Demzufolge hätten Eltern und Lehrer den Auftrag, die persönlichen Eigenschaften ihres Kindes zu ergründen und das Kind zu akzeptieren. Wolle man ein Kind erziehen, so müsse man dessen Wesen betrachten und die Erziehung darauf gründen. Es sei kontraproduktiv, dem Kind Fähigkeiten zu unterstellen, die es nicht besitze, denn dann würden die Mühe und die Erziehung, die man in das Kind investiere, umsonst sein, da man das Individuum außer Acht lasse.

In Mischlej heißt es: »Erziehe den Jungen gemäß seiner Art, dann wird er, auch wenn er alt ist, nicht davon abweichen.« Es heißt also, das Kind gemäß seinem individuellen Wesen zu erziehen und es nicht zu etwas zu zwingen, das diesem entgegensteht. Rabbiner Wolbe betont, dass man destruktiv handele, wenn man von seinem Kind etwas verlange, was gegen dessen Natur gehe, denn es sei einem Menschen fast unmöglich, seine angeborenen Eigenschaften zu durchbrechen. Erziehung müsse vielmehr dem Kind die Möglichkeit geben, gemäß seiner Wesensart zu wachsen. Dementsprechend müsse Erziehung gute Verhaltensweisen und gute Eigenschaften beim Kind weiter ausbauen. Dabei sei es hilfreich, geduldig zu sein, sowohl mit den eigenen Kindern als auch mit Schülern – und vor allem vorsichtig zu sein mit den eigenen Ansprüchen an das Kind.

Neben der Geschichte von Rabbi Perida und den 400 Wiederholungen gibt es auch weitere Beispiele dafür, wie man bei einem Schüler individuell vorgeht. So verfasste unter anderem Rabbi Acha eigens für seinen Sohn und ungeachtet des immensen Zeitaufwands die *Scheiltot*, die halachischen Aspekte aus den fünf Büchern Mose. Der Sohn lernte und verstand. Dies machte für den Vater jeden noch so großen Aufwand wieder wett.

Eines Freundes Freund zu sein: Was unsere Weisen über die ›Chawruta‹ lehren

Netanel Olhoeft

»Wem der große Wurf gelungen, eines Freundes Freund zu sein, … mische seinen Jubel ein!« So heißt es in der »Ode an die Freude« des von der deutschen Neo-Orthodoxie des 19. Jahrhunderts bewunderten Dichters Friedrich Schiller. Man möchte mit unseren talmudischen Weisen ergänzen: Die Freundschaft ist nicht nur ein »großer Wurf«, sondern weit mehr. Der babylonische Gelehrte Rawa führt diesbezüglich im Trakta Baba Batra 16b ein im 4. Jahrhundert n.d.Z. übliches, recht radikales Sprichwort an: »Entweder hat man einen Freund wie die Freunde Hiobs, oder man hat eben den Tod.« Wer waren die Freunde des geplagten Aramäers Hiob? Was machte ihre Freundschaft aus, und was hat das mit dem Tod zu tun?

Wie der Tanach uns berichtet, hatte Hiob kurz zuvor seine Kinder, seinen materiellen Besitz sowie seine Gesundheit verloren. Schmutzig und befallen von Ausschlag saß er nun auf der Erde, kratzte sich mit einer Tonscherbe die Haut und versuchte, seinen Schmerz zu lindern. »Dies hörten die drei Freunde Hiobs …, und sie reisten an, jeder aus seinem Ort (aus fernen Ländern), … sie stimmten sich ab, zu Hiob zu kommen, um ihr Mitleid zu bezeugen und ihn zu trösten.« Diese Tat der Fürsorge war es, die unsere Weisen als einen Höhepunkt biblischer Freundschaft verstanden. Nun, da Hiob nichts mehr besaß, das seinem Leben Halt geben konnte – und er auch dem physischen Tod nahe war –, sprangen seine Freunde in die Bresche. Zunächst ohne Hintergedanken traten sie eine lange

Reise an, um ihrem leidenden Freund beizustehen und ihm ein Ohr zu leihen. Im Talmud heißt es dazu: »Rabbi Assi sagt: Hat man eine Sorge im Herzen, so erzähle man sie anderen.« In diesem Sinne heißt es auch anderswo in der rabbinischen Literatur: »Was für einen Freund beschaffe man sich? … Einen, dem man alle seine Geheimnisse erzählen kann.« Doch nicht nur der physische Tod kann einen in Abwesenheit der Freundschaft ereilen. Manchmal ist es auch ein sozialer oder geistiger. Aus diesem Grund erging bereits bei der Schöpfung das Diktum: »Es ist nicht gut, dass der Mensch allein ist«, woraufhin der Mensch als Mann und Frau geschaffen und anschließend in eine eheliche Verbindung geführt wird.

Doch für unsere Weisen, für die das Studium der Tora als Inbegriff eines guten Lebens im Vordergrund stand, hatte die Freundschaft, aramäisch: *Chewruta*, neben der persönlichen Ebene auch noch eine andere Bedeutung: »Rabbi Jossi bar Chanina sagte: Ein Schwert komme über diejenigen Gelehrten, die die Tora allein studieren (und nicht in Lerngruppen), denn nicht nur, dass sie verdummen, sondern sie sündigen auch.« Das gemeinschaftliche Studium galt in talmudischer und der späteren jüdischen Tradition bis heute als die Idealform des Lernens. Wer allein lernt, übersieht womöglich einiges, merkt sich weniger, hört keine Kritik, mit der er sich auseinandersetzen könnte. Auch beim Lernen ist also Freundschaft geboten. »So wie ein Eisenstück ein anderes schärft, so schärfen auch zwei Toraschüler einander in ihrem Verständnis der Halacha.« Ohne Diskurs kein tiefes Lernen. Daher stammt die halachische Anweisung, nicht allein, sondern in *Chewruta*, in »Freundschaft«, zu lernen. Die Freundschaft wehrt dem geistigen Verfall. Doch neben diesen Bedeutungen verkörpert die Freundschaft auch noch ein tiefergehendes mystisches Prinzip: Wenn zwei Menschen sich liebevoll oder kameradschaftlich zusammenschließen, so bildet diese Einheit nichts Geringeres als die

Einheit der Menschheit mit Gott und dessen Ewigkeit ab. So wird also auch der Tod sinnbildlich zurückgedrängt: »Wenn jemand das Angesicht seines Freundes empfängt, dann ist das, als würde er das Antlitz Gottes empfangen.«

Im Schnee auf dem Dach: Was Hillel in Kauf nahm, um Tora zu lernen

Noemi Berger

In vielen talmudischen Geschichten lesen wir davon, dass man Hillel, den großen Lehrer Israels, durch nichts zum Zorn reizen konnte. Immer wieder ermutigen uns unsere Weisen, ihm nachzueifern und eine ähnlich friedliche und besonnene Haltung einzunehmen – vor allem in Situationen, die wir irrtümlicherweise viel zu ernst nehmen. Im Folgenden erfahren wir von zwei weiteren Episoden, in denen Hillel es unterließ, aggressiv zu handeln. Stattdessen brachten ihn sein ruhiges Auftreten und seine Geduld dazu, das gesamte jüdische Volk zu führen und es für zukünftige Generationen positiv zu beeinflussen.

Die Gemara im Traktat Joma 35b berichtet, dass Hillel jeden Tag arbeitete, um ein wenig Geld zu verdienen. Die eine Hälfte brauchte er für den Unterhalt seiner Familie, die andere Hälfte musste er dem Wachmann im Beit Midrasch, dem Lehrhaus, zahlen, damit der ihn einließ. Dort lernte er von den größten und berühmtesten Gelehrten seiner Zeit. Einmal, an einem Freitag, war es ihm nicht gelungen, genügend Geld zu verdienen, um ins

Beit Midrasch eingelassen zu werden, und so musste er draußen bleiben. Doch er ließ sich nicht unterkriegen. Unerschrocken stieg er kurz vor dem Schabbat aufs Dach des Lehrhauses und lauschte durch die Dachluke den Schiurim, dem Unterricht des großen Rabbi Schemaja und des berühmten Rabbi Awtaljon. Doch während der Winternacht schneite es sehr stark. Und so wurde er am nächsten Morgen fast erfroren unter drei Ellen Schnee entdeckt. Die Menschen im Beit Midrasch ließen die Gesetze des Schabbats außer Acht und retteten sein Leben.

Hillels Gleichmut und seine Gelassenheit sind in dieser Geschichte ganz offensichtlich. Der fast zu Tode erfrorene Hillel beschwerte sich nicht bei den großen Rabbinen über die Summe, die er für den Zutritt zum Lehrhaus bezahlen musste und über ihr Versäumnis, bedürftigen Menschen, die Tora lernen wollten, diese Gebühr zu erlassen. Diese Zurückhaltung kam Hillel auf lange Sicht zugute. Eine erbitterte Reaktion seinerseits hätte es möglicherweise verhindert, dass sich im Laufe der Jahre eine besondere Beziehung zwischen ihm und seinen Lehrern Schemaja und Awtaljon entwickelte. Durch seinen Aufenthalt auf dem verschneiten Dach bewies er seinen außergewöhnlichen Einsatz fürs Toralernen und machte die großen Lehrer Schemaja und Awtaljon auf sich aufmerksam. Doch nie bewarb er sich aktiv darum, als führender Schüler von Schemaja und Awtaljon angesehen zu werden. Daher ist Hillel ein lebendiges Beispiel für die Weisung, die wir in der Mischna lesen: »Wer seinen Namen preist, wird seinen Namen verlieren.«

Ein Paradebeispiel für diese Weisung ist auch Hillels großer Vorfahr König David, der sich nicht selbst als König vorgeschlagen hat. Stattdessen ließ der Ewige den biblischen Propheten und letzten Richter Samuel den kleinen tapferen David zum König salben, der den Riesen Goliath, einen Vorkämpfer im Heer der Philister, geschlagen hatte. So wie König David drängte sich auch Hillel nicht auf. Er machte sich im Beit Midrasch von Schemaja und Awtaljon nicht bemerkbar. Stattdessen erschuf der Herr eine Situation, in der Hillels Hingabe ans Toralernen in aller Unschuld präsentiert und Schemaja, Awtaljon und anderen Großen Israels zur Kenntnis gebracht wurde.

Erst heiraten und dann Tora lernen – oder umgekehrt? Von der ›Ablenkung‹ durch Frauen

Chajm Guski

Die Weisen des Talmuds waren Männer. Doch wir erfahren auch etwas über ihre Frauen. Da ist zum Beispiel Bruria, die Ehefrau von Rabbi Meir, die an einem Tag 300 Halachot von 300 Weisen gelernt haben soll. Oder wir lesen von Jalta, der Frau von Rabbi Nachman. Sie soll 400 Weinkrüge zerbrochen haben, weil ein Gast ihres Mannes sie herabsetzte. Dass die Gelehrten und Weisen verheiratet waren, steht also fest. Doch es überrascht, dass es auch Stimmen gab, die meinten, Frauen würden nur von der Tora ablenken. So kommt in einer Diskussion im Talmud-Traktat Kidduschin 29b die Frage auf, was denn wohl vorzuziehen sei: Sollte man zuerst mit dem Studium der Tora beginnen oder zuerst heiraten?

Die erste Antwort in der Diskussion lautet: Zuerst studiert man Tora, und dann heiratet man. Wem es aber unmöglich sei, ohne Frau zu leben, der sollte zuerst heiraten und danach Tora studieren. Offenbar wird befürchtet, dass man sich irgendwann nicht mehr auf das Wesentliche konzentrieren kann, wenn man keine Frau hat. Die Gedanken schweifen vielleicht ab? Raw Jehuda berichtet, dass Schmuel gesagt habe: »Die Halacha ist, man soll zuerst eine Frau heiraten und dann Tora studieren.« Rabbi Jochanan ist davon wenig begeistert und fragt: »Mit einem Mühlstein um den Hals – wie kann man da Tora studieren?« Dann wird gefolgert: »Das eine gilt für uns, das andere für jene.« Mit anderen Worten: Das eine gilt für Babylon, das andere für die Weisen im Land Israel. Raschi meint in seinem Kommentar zu dieser Stelle, »erst das Studium und dann die Heirat« gelte für das Land Israel, weil man dort, in der Nähe der Familie, auch noch für ihren Lebensunterhalt sorgen müsse. Die Tosfot nach Rabbenu Tam hingegen sind der Auffassung, dies sei für Babylonien gemeint. Denn von dort müsse man ja erst noch ins Land Israel gehen, um dort zu lernen.

Aber die Diskussion geht weiter: Rabbi Chisda pries im Gespräch mit Rabbi Huna den jungen Rabbi Hamnuna und erzählte, dieser sei ein großer Mann. Da sagte Rabbi Huna: »Wenn er kommt, dann schicke ihn zu mir.« Als Hamnuna kam, sah Huna, dass jener keine *Sudra* über dem Kopf trug. Rabbi Huna fragte ihn: »Was ist der Grund dafür, dass du keine *Sudra* trägst?« Dieser antwortete wahrheitsgemäß: »Weil ich nicht verheiratet bin.« Da wandte sich Rav Huna von ihm ab und sagte: »Komm nicht vor mein Angesicht, bis du geheiratet hast!« Eine *Sudra*, von der hier die Rede ist, war weniger eine Kopfbedeckung als vielmehr eine Art Kefije, ein größeres Tuch, das man über den Oberkörper warf und womit man auch den Kopf bedeckte. Dies zu tragen scheint der Brauch verheirateter Männer gewesen zu sein.

Man muss nicht besonders feinfühlig sein, um zu bemerken, dass es hier ein Spannungsfeld zwischen jenen gab, die wollten, dass man sich voll auf die Tora konzentriert, und jenen, die wussten, dass sie nicht allein, sondern lieber verheiratet sein wollten. Das findet seine extreme Ausformung in einem Gespräch zwischen Rabbi Josef, der von seinem Vater Rawa für sechs Jahre zum Studium zu einem anderen Rabbi geschickt wurde. Nach drei Jahren hatte Josef wieder einmal Lust, seine Frau zu besuchen. Also brach er am Vorabend von Jom Kippur auf. Als sein Vater das hörte, nahm er eine Waffe und stellte sich ihm in den Weg. Und hier verwendet der Talmud »explizite« Sprache: »Hast du dich an deine Hure erinnert?«

GROSSE GELEHRTE

Der Streit um den Schlangenofen: Wie sich Rabbi Elieser weigerte, die Mehrheitsmeinung zu akzeptieren

Jehoschua Ahrens

Diskussionen im Talmud, die anfangs etwas langweilig wirken, können manchmal spannende Wendungen nehmen – so in der Geschichte vom Schlangenofen, einem transportablen Backofen aus Lehmziegeln im Traktat Baba Mezia 59b. Um ihn dreht sich eine halachische Diskussion: Es geht um die Frage, ob er rituell unrein werden könne, da der Ofen transportabel ist. Alle Gelehrten meinen ja, doch Rabbi Elieser meint nein. So weit, so unspektakulär. Rabbi Elieser weigert sich, die Mehrheitsmeinung zu akzeptieren. Nachdem keines seiner Argumente die gewünschte Wirkung zeigt, versucht er es mit Wundern: »Wenn die Halacha meiner Meinung entspricht, so mag das dieser Johannisbrotbaum beweisen!« Da rückte der Baum 100 Ellen von seinem Ort fort. Als seine Kollegen immer noch nicht überzeugt waren, versuchte es Rabbi Elieser mit einem Wasserarm, der seine Laufrichtung änderte. Doch die Kollegen blieben bei ihrer Meinung. Da veranlasste Rabbi Elieser die Wände des Lehrhauses, sich zu neigen. Doch jedes Mal sagen die Rabbiner, dies sei kein Beweis. Da erklingt plötzlich eine Stimme aus dem Himmel: »Was habt ihr gegen Rabbi Elieser? Die Halacha ist stets wie er.«

Da stand Rabbi Jehoschua auf und sprach: »Die Tora ist nicht im Himmel.« Der Talmud fragt: »Was heißt: Sie ist nicht im Himmel?« Rabbi Jirmeja erwiderte: »Die Tora ist bereits vom Berg Sinai herabgegeben worden. Wir achten nicht auf die Hallstimme, denn bereits am Berg Sinai hast Du in die Tora geschrieben: ›Man muss sich nach der Mehrheit richten‹.« Damit wurde nicht nur Rabbi Elieser, sondern auch Gott von den anderen Rabbinern einfach überstimmt. Es heißt im Talmud, dass Rabbi Nathan den Propheten Elias traf und ihn nach der Reaktion Gottes fragte. Jener erwiderte: »Er schmunzelte und sprach: ›Meine Kinder haben mich besiegt, meine Kinder haben mich besiegt.‹« Offensichtlich freut sich Gott darüber, dass die Menschen ihn mit den Mitteln geschlagen haben, die Er ihnen selbst gegeben hat. Gott versteht, dass die Menschen nun die Verantwortung für die Tora übernommen haben und als selbstständige, intelligente, aber eben auch kritische Partner Gottes am Schöpfungswerk aktiv teilhaben. Der Mensch soll nicht einfältig und von Gott abhängig sein. Die Tora ist nun nicht mehr im Himmel, sondern sie ist in der Hand der Menschen, und die müssen sie nun verstehen und interpretieren.

Für Rabbi Elieser endete die Geschichte leider weniger fröhlich. Er wurde von den Kollegen mit einem Bann belegt, quasi exkommuniziert. Es ging nicht um eine Minderheitenmeinung, die inakzeptabel ist, sondern die Gemeinschaft der interpretierenden Rabbiner ist wichtig; hier hat sich Rabbi Elieser herausgenommen.

Mehr noch: Das jüdische Gesetz basiert auf rabbinischer Tradition und Dialektik, nicht auf Wundern und Prophezeiungen. Wenn wir zulassen, dass Wunder und Prophezeiung eine Rolle spielen, dann braucht nur jemand zu behaupten, er sei ein Prophet, der Wunder vollbringen könne, und schon könnten er und seine Anhänger damit rechtfertigen, sich gegen das gesamte etablierte Rabbinat zu stellen. Diese Art des Diskurses wäre das Ende des (rabbinischen) Judentums. Trotzdem war diese Entscheidung tragisch für beide Seiten. Rabbi Akiwa trauerte ehrlich, als er Rabbi Elieser den Bann mitteilte. Selbst Gottes Schöpfung nahm Anteil: »Da ward die Welt geschlagen, ein Drittel an den Oliven, ein Drittel an Weizen und ein Drittel an der Gerste.« Rabbi Gamliel, der als Vorsteher des Beit Din in Jawne letztlich für das Urteil verantwortlich war, geriet in Seenot. Da sprach er: »Herr der Welt, offenbar und bewusst ist es Dir, dass ich dies nicht wegen meiner Ehre, auch nicht wegen der Ehre meines väterlichen Hauses getan habe, sondern Deiner Ehre wegen, damit sich keine Streitigkeiten in Israel mehren.« Erst dann hörte das Toben des Meeres auf.

Ein Gladiator im Lehrhaus: Wie Resch Lakisch Rabbiner wurde

Yael Deusel

Eine der schillerndsten Persönlichkeiten des Talmuds ist Rabbi Schim'on ben Lakisch, bekannt als Resch Lakisch. Er gehört zu den bedeutendsten Amoräern im Erez Israel des 3. Jahrhunderts u.Z. Er lebte in Tiberias, wie auch sein Schwager Rabbi Jochanan, mit dessen Schwester er verheiratet war. Um die Person des Resch Lakisch ranken sich etliche Legenden, und auch im Talmud ist er mehrfach erwähnt. Dort erfahren wir zudem von seiner großen Frömmigkeit und Integrität. Es hieß, man könne einem jeden ohne weitere Garantien Geld leihen, den man mit Resch Lakisch öffentlich reden sehe, denn dieser pflegte sich nur mit entsprechend aufrichtigen Menschen abzugeben. Es sind uns viele gelehrte Dispute zwischen Resch Lakisch und Rabbi Jochanan überliefert. Doch war Resch Lakisch nicht von Anfang an ein Gelehrter.

Im Talmud-Traktat Gittin 46b/47a lesen wir von Schuldnern, die sich aus finanzieller Not selbst als Sklaven verdingen, und davon, unter welchen Bedingungen sie von der jüdischen Gemeinschaft auszulösen seien, so auch von jenen, die sich als Gladiatoren verkauften und sich damit in Lebensgefahr brachten, wenn auch aus eigenem Antrieb. In diesem Zusammenhang nun wird als Beispiel Resch Lakisch genannt, der allerdings keineswegs darum gebeten hatte, dass man ihn aus dem Gladiatorenstand auslöse. Um diese Angelegenheit kümmerte er sich schon persönlich, nämlich mittels eines Steins, den er in einem Sack versteckt hatte. Er wusste, dass man ihn am folgenden Tag in der Arena getötet hätte, und da ihm in einem solchen Fall ein letzter Wunsch freistand, veranlasste er seine Gegner, sich von ihm fesseln und anderthalb Schläge mit dem genannten Säckchen geben zu lassen, wobei er den Stein darin wohlweislich verschwieg. Auf diese Weise erledigte er seine Gegner und war ein freier Mann.

Möglicherweise verdiente er seinen weiteren Lebensunterhalt als Bandit, denn an anderer Stelle im Talmud spricht er davon, dass er einst ein geachteter Anführer von Räubern gewesen sei. In dieser Eigenschaft lernte ihn auch sein späterer Schwager Rabbi Jochanan kennen und bewegte ihn dazu, sich dem Studium der Tora zu widmen. Er soll zu ihm gesagt haben: »Deine Kraft für die

Tora!« Damit meinte er sicherlich nicht nur die körperliche Kraft des Mannes, dem er seine Schwester zur Frau gab, sondern auch dessen scharfen Verstand. Resch Lakisch ist jedoch auch ein Beispiel dafür, dass Gelehrsamkeit nicht gleichbedeutend ist mit Askese. Der Talmud beschreibt ihn durchaus als Genussmenschen, der nicht nur stark, sondern offenbar auch ziemlich dick war, denn Essen und Trinken waren ihm wichtig. Und nachdem er angefangen hatte, ins Lehrhaus zu gehen, betätigte er sich wohl auch nicht mehr übermäßig körperlich, sondern »er saß, aß und trank«. Als ihn seine Tochter einmal darauf ansprach, ob er sich nicht eine weiche Unterlage anschaffen wolle, meinte er, dies sei nicht nötig, er liege doch schön weich auf seinem Bauch als Kissen. Aufgrund dieser Lebensweise war es ihm allerdings nicht möglich, seiner Familie ein Vermögen zu hinterlassen. Ein »kleines Maß Safran«, also eine eher mickrige Erbschaft, sei es gewesen, und sogar um dies habe es ihm leidgetan, es nicht für sich selbst verbraucht zu haben. Ob er wirklich ein solcher Egoist gewesen ist, wie er hier beschrieben wird, sei dahingestellt. Trotz allem war er ja doch ein Mann, der für seine Familie sorgte. Seine Frau stand zu ihm, sogar gegen Rabbi Jochanan, ihren Bruder; seine Kinder waren klug und gebildet. Frühere Generationen schätzten an ihm vor allem seine geistigen Fähigkeiten. Heute dagegen gilt er vielen gar als »talmudisches Idol des Muskeljudentums«, und man würdigt damit auch seine andere Seite, die physische Stärke.

Der zerbrochene Krug: Wie eine Haushälterin Rabbiner Jehuda HaNassi das Sterben erleichterte

Jehoschua Ahrens

Frauen kommen im Talmud kaum vor, denn alle Rabbinen und ihre Schüler waren Männer. Manchmal allerdings sind Frauen durchaus sehr aktiv am Geschehen beteiligt, wie zum Beispiel in der berühmten Geschichte vom Tod des Rabbi Jehuda HaNassi. Er wird meist einfach Rabbi genannt, ist einer der wichtigsten Tannaiten und der Redakteur der Mischna. Er lernte bei den Großen seiner Zeit, wie Rabban Schimon ben Gamliel, Rabbi Jehuda und Rabbi Meir. Auch zu seinen Schülern gehörten wichtige Gelehrte, wie Rabbi Jehoschua Ben Levi, Bar Kapara und Raw. In Traktat Ketubot 104a berichtet der Talmud über Rabbis Tod: »Am Tag, an dem Rabbi starb, ordneten die Rabbanan ein Fasten an und flehten um Erbarmen. Auch bestimmten sie: ›Wer da sagt, Rabbi sei gestorben, werde mit dem Schwert niedergestochen.‹ Die Haushälterin Rabbis stieg auf den Söller und sprach: ›Die droben verlangen nach Rabbi, und die hienieden verlangen nach Rabbi; möge es G'ttes Wille sein, dass die hienieden die droben besiegen.‹ Als sie aber sah, wie oft er die Toilette aufsuchte und sich damit abquälte, die Tefillin ab- und anzulegen, sprach sie: ›Möge es Dein Wille sein, dass die droben die hienieden besiegen.‹ Da aber die Rabbanan nicht aufhörten zu beten, nahm die Haushälterin einen Krug und warf ihn vom Söller hinab. Da stockten die Rabbanan, und die Seele Rabbis kehrte zur Ruhe ein.«

Diese Geschichte ist in vielerlei Hinsicht bemerkenswert. Sie beginnt mit »Am Tag, an dem Rabbi starb«. Es heißt »starb« und nicht »im Sterben lag«, das heißt, im Prinzip war es klar, dass sein Leben nicht mehr zu retten war. Trotzdem beteten seine Schüler wie auch die Haushälterin für seine Genesung. Vielleicht hofften sie auf ein Wunder oder waren sich nicht bewusst, dass Rabbi tatsächlich sterben würde. Es ist aber lediglich die Haushälterin, die später bemerkt, wie schlecht es Rabbi geht und dass er sterben wird. Daher tut sie etwas völlig Ungewöhnliches: Während sie vorher noch betete, dass »die hienieden«, also die irdischen Wesen, »die droben«, also die himmlischen Wesen, besiegen und somit Rabbi weiter am Leben bleibt, betet sie nun darum, dass er sterben möge, um von seinem Leid befreit zu werden. Doch ist das überhaupt möglich? Für den Tod eines Menschen zu beten? Die Rabbanan jedenfalls, all die großen Gelehrten, merkten nicht, wie es um ihren Lehrer stand, sie merkten nicht, wie sehr er litt. Vielleicht wollten sie es aber auch nicht sehen. Oder sie dachten, dass Rabbi auf jeden Fall leben sollte, egal wie er litt, denn das Leben ist ja das Kostbarste, was wir haben. So beteten sie intensiv weiter, und Rabbis Seele konnte nicht aus dem Körper entweichen. Weil schließlich die Haushälterin aufs Dach steigt, einen Tonkrug hinabfallen lässt und der Krach die Beter verstummen lässt, stirbt Rabbi.

Die Entscheidung der Haushälterin wird später für zwei wichtige Grundlagen in der Medizinethik dienen: zum einen, dass es unter Umständen erlaubt sein kann, um Barmherzigkeit für einen Patienten zu bitten (also um dessen Tod), und zum anderen »die Beseitigung eines Hindernisses auf dem Weg zum Sterben«. Der Ran, Rabbenu Nissim ben Reuven Gerondi, zitiert die Geschichte ebenso in seinen halachischen Entscheidungen wie Rabbiner Mosche Feinstein in seinem Werk ›Iggrot Mosche‹. Der Text dient vor allem als Entscheidungshilfe bei Kranken in der letzten Phase ihrer Krankheit. Zum Beispiel soll bei einem Patienten mit starken, unkontrollierbaren Schmerzen, bei dem es keine Hoffnung auf

Besserung gebe, auf medizintechnische Geräte verzichtet werden, wenn sie nur noch dazu dienten, sein Leben zu verlängern. Nicht umsonst heißt es im Talmud, dass Rabbis berühmte Schüler von dieser Haushälterin lernen konnten. Selbst zeitgenössische Entscheider (Poskim) sind von ihr beeindruckt, unter ihnen Rabbiner Moshe Feinstein, der in einem Responsum ihre Weisheit ausdrücklich lobt.

Die Flucht im Sarg: Wie Jochanan ben Sakkai Jerusalem verließ

Konstantin Schuchardt

Über Jerusalem hängt heute nicht mehr der Rauch von Brandopfern. Dies lässt sich auf Ereignisse zurückführen, die fast 2000 Jahre zurückliegen und mit den Namen Vespasian und Jochanan ben Sakkai verbunden sind. Rabban Jochanan ben Sakkai gilt als geistiges Oberhaupt der Juden nach der Zerstörung des Zweiten Tempels durch die Römer. Er starb um das Jahr 80 n.d.Z und legte nach dem Zusammenbruch der nationalen und religiösen Strukturen den Grundstein für ein Wiedererstarken jüdischen Lebens.

Nach vier Jahren Krieg lag Jerusalem im Jahr 70 n.d.Z. in Trümmern. Der Tempel war zerstört, und sein Inventar wurde als Kriegsbeute nach Rom verschickt. Der zeitgenössische Historiker Flavius Josephus schrieb: »Weder das hohe Alter der Stadt noch ihr ungeheurer Reichtum noch die Verbreitung des zu ihr gehörigen Volkes über die ganze Erde, noch der große Ruf des in ihr gepflegten Gottesdienstes vermochten sie vor dem Untergang zu bewahren.«

Was im Jahr 66 n.d.Z. als Empörung über die Opferung eines Hähnchens vor einer Synagoge durch syrische Nichtjuden in der Hafenstadt Caesarea begonnen hatte, entwickelte sich zu einem blutigen Aufstand gegen das Römische Reich. Der brutale Statthalter Florus zog voller Wut über die in Caesarea aufbegehrenden Juden nach Jerusalem und forderte eine hohe Summe aus dem Tempelschatz. Als jüdische Jugendliche sich über ihn lustig machten und ihm Kleingeld hinwarfen, eskalierte die Situation, und seine Soldaten töteten zahlreiche Juden. Aus Protest stellte die Priesterschaft im Tempel das Dankopfer für den Kaiser ein, was einer Kriegserklärung gleichkam. Etwa vier Jahre und viele Schlachten später hatten römische Legionen Jerusalem eingekesselt und hungerten die Stadt aus. Im Inneren der Stadtmauern tobte zugleich ein erbitterter Bürgerkrieg zwischen einzelnen jüdischen Fraktionen.

In dieser Situation wandte sich Jochanan ben Sakkai, so berichtet der Talmud im Traktat Gittin, an seinen Neffen Abba Sikkara, der ein Befehlshaber jener Fraktion war, die die Stadttore kontrollierte, und fragte ihn, wie er trotz der Blockade die Stadt verlassen könne. Abba Sikkara schlug vor, ben Sakkai solle sich totstellen und sich in einem Sarg liegend aus der Stadt tragen lassen, denn kein Lebender könne die Stadt verlassen. Im Sarg passierte der Gelehrte die Wachposten und machte sich auf den Weg zum Heerlager der Römer. Dort angekommen, trat er vor den befehlshabenden Feldherrn Vespasian und sprach: »Ich grüße euch, königliche Hoheit!« Vespasian antwortete: »Du nennst mich König, aber ich bin keiner. Darauf steht die Todesstrafe!« Ben Sakkai sagte: »Wenn du kein König bist, wird Jerusalem nicht in deine Hände fallen.« In diesem Moment trat ein Bote hinzu und verkündete Vespasian: »Der Kaiser ist gestorben, und die Autoritäten haben euch zu seinem Nachfolger bestimmt.« Der erstaunte Vespasian sagte: »Ich werde sofort nach Rom aufbrechen. Ein anderer wird an meiner statt den Feldzug gegen Jerusalem führen.« Er wandte sich zu Jochanan ben Sakkai und sagte: »Bevor ich gehe, möchte ich dir einen Wunsch erfüllen.« Der Gelehrte sprach: »Gib mir Jawne! Zerstöre es nicht und verschone seine Gelehrten.« Vespasian erfüllte ben Sakkais Wunsch, und das Lehrhaus, die Keimzelle des rabbinischen Judentums, wie wir es heute kennen, wurde in der Küstenstadt Jawne gegründet.

Diese talmudische Erzählung bildet die Gründungslegende des rabbinischen Judentums. Die Begebenheiten lassen sich zwar nicht überprüfen, doch Fakt ist: Vespasian wurde Kaiser. An seiner Stelle brannte sein Sohn Titus Jerusalem nieder und vernichtete den Tempel. Unbestritten ist ebenfalls, dass das Judentum auch ohne den Tempeldienst bis heute überleben konnte. Das Provisorium eines tempellosen Judentums hat sich in den vergangenen fast 2000 Jahren als sehr praktikabel erwiesen. Auch wenn jeden Tag für die Wiedereinführung des Opferdienstes gebetet wird, sind die meisten Juden froh, dass das Gebet ihn abgelöst hat.

Rabbi Akiwas Vorleben: Wie ein langjähriges Torastudium aus einem redlichen Am Haarez einen der größten Toralehrer des Judentums machte

Yizhak Ahren

Rabbi Akiwa ben Joseph, der in der zweiten Hälfte des ersten und in der ersten Hälfte des zweiten Jahrhunderts im Land Israel lebte, war einer der bedeutendsten Tannaiten. Im Talmud wird er ungefähr 1500-mal erwähnt. Nach seinem eigenen Zeugnis im Talmud-Traktat Pessachim 49b war er in einem früheren Lebensabschnitt ein *Am Haarez*, ein ungebildeter Jude: »Als ich noch ein *Am Haarez* war, sprach ich: ›Wer gibt mir einen Toragelehrten (*Talmid Chacham*)? Ich würde ihn wie ein Esel beißen.‹ Seine Schüler sprachen zu ihm: ›Meister, sag doch: wie ein Hund.‹ Und Rabbi Akiwa erwiderte: ›Jener beißt und zerbricht auch den Knochen, dieser beißt und zerbricht den Knochen nicht.‹«

Es drängt sich die Frage auf, warum Rabbi Akiwa seinen Schülern von seiner unrühmlichen Vergangenheit erzählt hat. Möglicherweise wollte er sie auf eine bestimmte Wirklichkeit aufmerksam machen, die er aus eigener Erfahrung kannte. Ein *Am Haaretz* kann einen *Talmid Chacham* aus Neid oder aus einem anderen Grund hassen – diese Tatsache sollten seine Schüler vorsichtshalber beim Umgang mit einem *Am Haarez* beachten. Eine zweite Interpretation der autobiografischen Mitteilung hebt eine andere Lehre hervor: Vielleicht wollte der berühmte Tannait am eigenen Beispiel deutlich machen, dass ein *Am Haarez* keineswegs ein *Am Haarez* bleiben muss. Er kann sich weiterentwickeln, eine komplette Metamorphose in Gang bringen. Potenziell ist jeder Mensch ein *Talmid Chacham*. Daher, so erklärte Rabbi Löw, der Maharal von Prag, darf man den schockierenden Ausspruch von Rabbi Elasar, der da lautet: »Einen *Am Haarez* darf man abstechen an einem Jom Kippur, der auf einen Schabbat fällt«, sicher nicht als Erlaubnis zum Töten oder gar als Handlungsanweisung nehmen. Rabbi Elasar wollte lediglich in einer äußerst drastischen Sprache vor dem *Am Haarez* warnen. Selbstverständlich ist es strengstens verboten, einen potenziellen *Talmid Chacham* umzubringen, denn es heißt in den Zehn Geboten: »Du sollst nicht morden.«

Wem Rabbi Akiwa zu verdanken hat, dass er sein Potenzial realisieren konnte, hat er selbst öffentlich kundgetan: seiner

Ehefrau. An anderer Stelle im Talmud steht folgende Geschichte: »Rabbi Akiwa war Hirte des Ben Kalba Sawua. Als dessen Tochter sah, wie keusch und redlich Akiwa war, sprach sie zu ihm: ›Willst du, wenn ich mich von dir antrauen lasse, ins Lehrhaus gehen?‹ Er erwiderte ihr: ›Ja!‹ Da ließ die Frau sich von ihm heimlich antrauen und verabschiedete ihn zum Ort des Toralernens. (…) Er kehrte nach 24 Jahren zurück und brachte 24.000 Schüler mit. Als seine Frau zu ihm kam, fiel sie aufs Gesicht und küsste ihm die Füße. Da stießen seine Diener sie fort. Er aber sagte ihnen: ›Lasst sie! Meines und eures ist ihres!‹« Ein langjähriges Torastudium machte aus einem redlichen *Am Haarez* einen der größten Toralehrer, die das Judentum hervorgebracht hat.

Es war übrigens Rabbi Akiwa, der lehrte: »Liebe deinen Nächsten wie dich selbst«. Das ist »eine Grundlehre der Tora«. Raschi zitiert diese Sentenz in seinem Kommentar zum Vers und erwähnt, was er sonst nur selten macht, den Autor. Wer sich bemüht, das Gebot der Nächstenliebe stets zu halten, wird wohl nie in die Lage kommen, Zeitgenossen zu hassen – eine Haltung, die die Tora ausdrücklich verbietet: »Du sollst nicht hassen deinen Bruder in deinem Herzen.« Wie Hass entsteht und durch welche Gedanken man ihn überwinden kann, erläutert Rabbiner Samson Raphael Hirsch ausführlich in seinem Buch ›Chorew‹. Hier sei nur der Kern seiner Überlegungen zitiert: »Hass soll nie in deinem Herzen gegen irgendeinen Menschen weilen. Er ist dein Bruder, Kind desselben Gottes, mit gleichen Ansprüchen ans Leben von Ihm ins Leben gesetzt. Wenn du ihn hasst – ihn wegwünschest –, so hasst du, wünschst du auch Gottes Hand weg, die die Brüder neben dich gesetzt, auf dass du als Bruder sie achten sollst. Selbst im Beleidigen vergiss nicht, dass es dein Bruder ist, bedauere ihn, dass dein Bruder sich so verirren konnte. (…) Sündige nicht durch Hass!«

Die Goldene Regel: Was Hillel und Schammai einem Mann sagten, der jüdisch werden wollte

Boris Ronis

Ein Midrasch erzählt im Talmud-Traktat Schabbat 31a, wie einst ein Nichtjude vor Rabbi Schammai trat und zu ihm sprach: »Mache mich zu einem Proselyten unter der Bedingung, dass du mich die ganze Tora lehrst, während ich auf einem Fuß stehe.« Da stieß ihn Schammai mit einer Elle weg. Daraufhin ging er zu Rabbi Hillel. Der machte ihn zum Proselyten und sprach zu ihm: »Was dir nicht lieb ist, das tue auch deinem Nächsten nicht an. Das ist die ganze Tora, alles andere sind Kommentare. Geh und lern sie!«

Der biblische Satz »Liebe deinen Nächsten wie dich selbst!« wird vielen geläufig sein. Er verlangt uns eine Menge ab, denn es geht um mehr, als eine Person nur zu respektieren. Dieser Satz deutet auf alle Lebensbereiche des Menschen und umfasst alle Beziehungen: zum Schöpfer, zur Familie, zu Schwächeren und auch Beziehungen zu Menschen, die einen anfeinden. Es ist kein leichter Satz, wenn man seinem Aufruf folgen möchte. Der Talmud sagt über diesen Satz, den man auch »Goldene Regel« nennt: »Der Mensch ist sich selbst am nächsten.« Das ist fast ein Naturgesetz. Ist es also möglich, jemanden so zu lieben wie sich selbst, und muss das auch so verstanden werden? Dürfen wir andere Menschen überhaupt um ihrer selbst willen lieben, ohne ihre Taten zu berücksichtigen? Als Hillel aufgefordert wurde, die Tora kurz zusammenzufassen, antwortete er: »Was dir nicht lieb ist, das füge auch deinem Nächsten nicht zu.« Das ist eine Negativformulierung der Goldenen Regel. Sie wird nicht nur im Judentum gelehrt, sondern ist auch in der christlichen Tradition bekannt, Konfuzius hat die Regel beherzigt, und auch Immanuel Kant hat sie, philosophisch umformuliert, gelehrt.

Der Mensch in der Antike hat diese Regel aus einer weitaus engeren Perspektive gesehen, als wir sie heute erleben. Damals hatten die meisten Menschen nur geringe Vorstellungen von Ereignissen, die über das unmittelbare Umfeld hinausgingen. Sie waren nicht so vernetzt, wie wir es heute sind. Darum bezog sich auch die Goldene Regel nur auf die nächste Umgebung eines Menschen. Erst zu Beginn der Neuzeit bekam der Mensch das nötige Wissen und die Gelegenheit, diese Regel in einem weltweiten Horizont zu praktizieren. Die jüdische Tradition hat relativ früh definiert, wen man in diesem Zusammenhang »zu lieben« hat. So relativierte der Raschbam: »Wenn es ein guter Mensch ist – ja. Ist es aber ein schlechter Mensch, ohne Gottesfurcht, dann – nein.« Weitere Rabbiner haben sich ähnlich geäußert und hinzugefügt, dass man sich von Menschen, die Böses wollen oder tun, fernhalten soll. Der Ramban weist darauf hin, dass hier als Bedeutung eine neidlose Herzensgüte gemeint sein kann. Als Beispiel bringt er das Verhältnis von König David und Jonathan, die eine neidlose Achtung füreinander empfanden.

Damit wird uns auch die Mainstream-Erklärung der heutigen Zeit nähergebracht: Es geht nicht unbedingt darum, den Nächsten so zu lieben wie sich selbst. Würde man das tun, dann hätte man viel Freud und Leid mitzuertragen. Vielmehr geht es darum, der Formulierung Hillels zu folgen: »Was dir verhasst ist, das tue auch deinem Nächsten nicht an.« Damit erhebt man den eigentlichen Ausspruch von einer emotionalen auf die rationale Ebene. Im Klartext bedeutet das, den Respekt einem Mitmenschen gegenüber zu wahren. Dieser Respekt ist der universale Bestandteil, den wir beherzigen müssen. Das ist die tiefere Lehre der Tora und ihre Anforderung an uns: Menschen sollten anderen Menschen mit Respekt begegnen – die Basis einer jeden Kultur und Zivilisation.

PROPHETEN UND KÖNIGE

Chuzpe gegen Gott: Wie König David den Ewigen nicht bloßstellen wollte

Jehoschua Ahrens

Gemäß unserer Tradition hat es in Israel keinen größeren König gegeben als König David. Seine royale Linie wird für immer bestehen, heißt es im zweiten Buch Samuel: »Dein Haus und dein Königreich sollen ewig Bestand haben; dein Thron soll auf ewig feststehen« – und ein Nachkomme Davids wird eines Tages als Messias kommen. Trotz seiner Bedeutung spielt David in unserer Liturgie kaum eine Rolle. Laut dem Talmud im Traktat Sanhedrin 107a missfiel das dem König, und er beschwerte sich bei Gott: »›Herr der Welt, weshalb sagt man: Der Gott Abrahams, der Gott Isaaks und der Gott Jakobs – und nicht: der Gott Davids?‹ Er erwiderte: ›Jene wurden von Mir erprobt, du aber nicht.‹ Da sprach er: ›Prüfe mich und stelle mich auf die Probe!‹ Er erwiderte: ›Ich will dich auf die Probe stellen, und zwar will Ich mit dir ein Weiteres tun, denn jenen teilte Ich es vorher nicht mit, dir aber teile Ich vorher mit, dass Ich dich bezüglich Ehebruchs auf die Probe stellen werde‹.«

König David meinte, er könne seine körperlichen Bedürfnisse befriedigen, indem er mit seinen Frauen schlief. Zusätzlich – von Gott höchstpersönlich vorgewarnt – änderte er seinen täglichen Ablauf, damit er ja keine Gelegenheit hätte zu sündigen. Wir lesen in Samuel II: »Und es war gegen Abend, da erhob sich David von seinem Bett.« Raw Jehuda erklärt im Talmud, David verwandelte sein Nachtbett in ein Tagesbett, das heißt, er vollzog den Beischlaf am Tag, damit er im Laufe des Tages nicht auf sündhafte Gedanken kommen konnte. Nach Raw Jehuda bewirkte er damit aber genau das Gegenteil: »Er vergaß die Lehre, dass der Mensch hungrig ist, wenn sein Glied gesättigt wird, und satt ist, wenn man es hungern lässt.« Und so kam es, wie es kommen musste: »Er (David) ging auf dem Dach des königlichen Palasts umher und sah vom Dach aus eine Frau sich waschen, und die Frau war von sehr schönem Aussehen.« Nachdem er Bathseba gesehen hatte, war Davids Verlangen zu groß – und so wurde er schließlich verbotenerweise intim mit ihr.

Der Prophet Nathan konfrontierte ihn daraufhin mit einer Parabel, die von einem armen und einem reichen Mann handelt. Der arme Mann hatte ein kleines Lamm, um das er sich fürsorglich kümmerte. Als der reiche Mann Besuch bekam, nahm er einfach das Lamm und schlachtete es für seine Gäste. König David reagierte verärgert über das Verhalten des reichen Mannes, ohne zu merken, dass er selbst gemeint war. Nathan klärte ihn auf: »Du bist der Mann!« Doch von Reue war bei König David keine Spur. Im Gegenteil, er hatte die Chuzpe, zu behaupten: »Offenbar und bewusst ist dir, dass ich, wenn ich nur wollte, meinen Trieb durchaus beherrschen könnte. Doch ich will nicht, dass man sage, der Diener habe seinen Herrn besiegt.« König David bestand also darauf, er habe das extra getan, um Gott nicht zu beleidigen und ihn nicht bloßzustellen. Genützt hat es David nichts, er wurde weiterhin in der Amida, dem Achtzehnbittengebet, nicht erwähnt.

Vielleicht hatte König David aber grundsätzlich gar nicht so unrecht? Was war sein Vergehen? Als er Urija, Bathsebas Mann, von der Front holen ließ und ihm befahl, zu seiner Frau zu gehen, widersetzte sich dieser. Zudem nannte Urija Joab »Herr« – doch dieser Titel stand nur König David zu. Nach dem Talmud und Rabbiner Meir Löw, dem Malbim, war das ein ganz klarer Fall von Rebellion und Majestätsbeleidigung. Daher verdiente Urija das Todesurteil. Und die Nacht mit Bathseba? Nun, zunächst ist es wichtig festzuhalten: Alle Männer, die in den Krieg zogen, mussten ihren Frauen eine Scheidungsurkunde (Get) geben, damit die Frauen, falls ihre Männer vermisst werden würden, erneut heiraten dürften. Folglich beging König David also keinen Ehebruch. Und so lesen wir zum Schluss der Geschichte im Talmud: »Bathseba, die Tochter Eliams, war für David seit den sechs Schöpfungstagen bestimmt. (…) Ebenso wurde auch in der Schule Rabbi Jischmaels gelehrt.«

Der Hohepriester und der Feldherr: Warum so viele Eltern ihre Söhne Alexander nannten

Noemi Berger

Der Talmud in Joma 69a erzählt folgende Aggada: »Der 25. Tag des hebräischen Monats Tewet ist ein Feiertag, an dem kein

Fasten erlaubt ist. Dieser Tag heißt *Jom Har Gerisim* (Tag des Berges Gerisim). An diesem Tag baten die Samariter den makedonischen Welteroberer und hellenistischen Herrscher Alexander den Großen um Erlaubnis, den Heiligen Tempel in Jerusalem zu zerstören.« Wer waren diese Samariter? Auf Hebräisch werden sie *Schomronim* genannt. Sie sind eine Volksgruppe, die aus der Umgebung der heute irakischen Stadt Kuti stammt und von den babylonischen Invasoren bei ihrer Eroberung Judäas nach dem Jahr 586 v.d.Z. in den entvölkerten Gegenden *Schomrons*, also Samarias, angesiedelt wurde. Im Talmud werden die Samariter deshalb auch *Kutiim* genannt. Die *Kutiim* baten die Babylonier um Erlaubnis, die Götter des Landes Judäa kennenzulernen. Daraufhin wurden ihnen einige jüdische Lehrmeister zur Verfügung gestellt. Jedoch lernten die *Kutiim* die Lehre Israels nur sehr mangelhaft. Aus diesem Grund behandeln die Rabbinen des Talmuds und des Midrasch sie sehr kritisch und lehnen sie häufig ab. So lehren sie zum Beispiel: »Wenn ein Samariter eine *Bracha*, einen Segensspruch, spricht, sag nach ihr nicht ›Amen‹, denn man kann nicht wissen, welche Gedanken er mit dieser *Bracha* verbindet.«

Die Erzählung vom »Barmherzigen Samariter« aus dem sogenannten Neuen Testament erweckt den Eindruck, alle Samariter seien barmherzig gewesen. Doch unsere Geschichte aus dem Talmud zeigt, dass dies nicht stimmt. Der jüdische Hohepriester Schimon HaZaddik (Simon der Gerechte) wurde darüber informiert, dass die Samariter den Tempel zerstören wollten. Er zog sich sein Priestergewand an und rief einige jüdische Edelleute. Sie nahmen Fackeln und gingen die ganze Nacht hindurch Alexander dem Großen entgegen. Die Juden jener Zeit hatten ein gutes Verhältnis zum Herrscher. Denn er erlaubte ihnen, weiterhin nach ihren Gesetzen zu leben, und sie erhielten sogar in jedem siebenten Schabbatjahr Steuerfreiheit. Als die Morgenröte den Himmel erleuchtete, sah

Alexander in der Ferne die Umrisse des Hohepriesters und seiner Begleiter und fragte jemanden aus seinem Gefolge, wer diese Männer seien. Die *Kutiim*, die ihn begleiteten, antworteten, dass dies die Juden seien, die gegen den großen Alexander rebellieren. Als sie sich der Stadt Kfar Saba näherten und die Sonne aufging, konnte Alexander die Züge von Schimon HaZaddik erkennen. Der Feldherr stieg aus seinem königlichen Wagen und warf sich vor Schimon nieder. Die *Kutiim*, die Alexander begleiteten, waren verwirrt und fragten ihn, warum ein so großer und mächtiger König wie er sich vor einem Juden verbeugt. Da erzählte ihnen Alexander, dass ihm in den Träumen vor seinen Schlachten Schimon HaZaddiks Gesicht erschienen sei und ihm den Sieg zugesichert habe. Alexander fragte Schimon, warum er sich ihm näherte. Schimon sagte: »Ist es möglich, dass der Heilige Tempel, in dem Gebete auch für euch und euer Reich gesprochen werden, zerstört werden soll, weil Götzenanbeter es so geplant haben?« Alexander fragte: »Von wem sprichst du?« Und Schimon antwortete: »Ich spreche von diesen Männern (den *Kutiim*), die vor dir stehen.« Da erteilte Alexander den Juden die Erlaubnis, mit dem Tempel der *Kutiim* auf dem Berg Gerisim das zu tun, was sie mit dem Heiligen Tempel in Jerusalem vorhatten. Der Tempel des Berges Gerisim wurde zerstört, und zum Gedenken daran feierten die Juden ein großes Fest.

So stand Schimon HaZaddik mutig vor dem mächtigsten Mann auf Erden und verteidigte die Ehre Gottes und die Heiligkeit Seines Tempels. Der Talmud erzählt weiter, dass Alexander verlangte, eine Statue von ihm im Tempel aufzustellen. Doch Schimon sagte, dies sei Gott ein Gräuel, und versprach stattdessen, dass alle Knaben, die in diesem Jahr den Priestern geboren werden, Alexander heißen sollen.

Von Macht und Missbrauch: Wie der Prophet Daniel König Nebukadnezar ins Gewissen redete

Vyacheslav Dobrovych

Im hebräischen Monat Elul vergeben wir unseren Mitmenschen und bitten sie um Verzeihung. Wir bereiten uns auf Rosch Haschana vor, den Tag, an dem der Mensch erschaffen wurde und jedes Jahr aufs Neue über ihn gerichtet wird. Teil dieser Vorbereitung sind die *Slichot*-Gebete, die Bitten um Vergebung. Das Volk und jeder Einzelne suchen vor Rosch Haschana und Jom Kippur die Vergebung Gottes und die Vergebung der Mitmenschen. Der Talmud berichtet, dass Gott die Sünden zwischen dem Menschen und Gott vergeben kann, nicht aber die zwischenmenschlichen Sünden. Wenn man also gegen ein rituelles Verbot verstoßen hat, so kann man Gott um Verzeihung bitten und im Falle einer ernst gemeinten Entschuldigung von Vergebung ausgehen. Wenn man aber den Mitmenschen verletzt hat, so muss der verletzte Mitmensch das Vergehen vergeben. Rabbi Jossi Bar Chanina geht im Traktat Joma 87a sogar so weit, dass er sagt: »Man bittet den Mitmenschen um Vergebung, und wenn er schon gestorben ist (bevor man die Möglichkeit hatte, sich zu entschuldigen), so geht man mit zehn Menschen zum Grab der Person, die man verletzt hat, und bittet dort um Vergebung.«

Wir sehen aus den talmudischen Quellen, wie wichtig es ist, eine verletzte Person um Verzeihung zu bitten. Vielleicht liegt die Wichtigkeit der Entschuldigung darin begründet, dass jede Verletzung des anderen ein potenzieller Missbrauch von Macht ist – Macht, die uns von Gott gegeben wurde, ja, anvertraut und geliehen wurde, damit wir diese Welt und unser Leben damit aufbauen. Im biblischen Buch Daniel wird die Idee von Gott als Quelle und Geber der Macht ausdrücklich beschrieben. So sagt Daniel: »Gelobt sei der Name Gottes von Ewigkeit zu Ewigkeit, denn Ihm gehören Weisheit und Stärke. Er ändert Zeit und Stunde, er setzt Könige ab und setzt Könige ein.« Ein König wird also zum König, weil der Schöpfer ihn zum König macht. Und ein König verliert sein Königtum, weil der Schöpfer ihm das Königtum nimmt. Jeder soll die Macht als geliehen betrachten. Daraufhin spricht der Prophet Daniel zu Nebukadnezar, dem mächtigsten König der damaligen Zeit, und sagt: »Du, König (…), dem der Gott des Himmels Königreich, Macht, Stärke und Ehre gegeben hat.« Er erinnert den mächtigsten Menschen seiner Zeit daran, dass seine Macht von Gott gegeben ist. Sie ist nicht sein Eigentum. Daher ist auch König Nebukadnezar dem Schöpfer Rechenschaft schuldig.

Macht ist ein gottgegebenes Instrument, mit dem gebaut und zerstört werden kann. Wir alle sind mächtig. Jemand mag gerade mehr Macht haben als der oder die andere. Dennoch ist jeder von uns mächtig – ermächtigt, unser Leben und das Leben der Mitmenschen gut oder schlecht zu beeinflussen: sei es durch politische Entscheidungen, die das Leben von Millionen Menschen verändern, oder durch scheinbar kleine Gesten in der Familie und unter Freunden. Wenn wir den Mitmenschen um Vergebung bitten, so ist es, als würden wir sagen: »Ich hatte zu einem bestimmten Zeitpunkt die Macht bekommen, dich aufzubauen oder dich zu verletzen. Ich habe meine Macht missbraucht und mich für Letzteres entschieden, dafür bitte ich dich um Vergebung.« Die Entschuldigung dient dem Opfer als Besänftigung und dem Täter als Möglichkeit zu reflektieren. Wenn wir uns bei Gott entschuldigen, so ist es, als würden wir sagen: »Du hast mir die Macht gegeben, mein Leben zu einem Meisterwerk zu machen und Deinen Namen zu ehren.

Doch ich habe die Macht, die Du mir gabst, missbraucht.« Die Bitte um göttliche Vergebung ist auch die Bitte, mit der Macht richtig umgehen zu können.

Auf Chessed ist die Welt gebaut: Warum König Monobaz seinen gesamten Besitz an Bedürftige verteilte

Diana Kaplan

Im Traktat Baba Batra 11a erzählt der Talmud die bemerkenswerte Geschichte von dem wohltätigen König Monobaz II., einem Sohn von Königin Helena. Als sein Land eine schwere Zeit durchmachte, gab der König seinen gesamten Besitz an Bedürftige ab. Er muss von der Richtigkeit seines Handelns sehr überzeugt gewesen sein, denn als er von seinen Brüdern zur Rede gestellt wurde, nannte er ihnen prompt sechs triftige Gründe für seine Tat. Der Hauptvorwurf, mit dem sich König Monobaz konfrontiert sah, war, dass er seinen Wohlstand, im Gegensatz zu den Eltern, erstens gemindert und zweitens unnütz weggegeben habe. Der König antwortete darauf, die Eltern hätten den Besitz und Wohlstand lediglich auf Erden gemehrt. »Ich aber mache meinen Reichtum im Himmel«, antwortete er und zitierte aus Psalm 85: »Die Wahrheit vom Himmel lohnt, wenn ihr Almosen gebt. Und die Gerechtigkeit kommt vom Himmel.« Der König lieferte fünf weitere Gründe für sein Tun, allesamt ebenfalls in der Schrift begründet. Um den Rahmen dieses Artikels nicht zu sprengen, sei hier nur der letzte Grund erwähnt:

»Meine Eltern«, sagte der König, »haben das Ihrige verborgen in dieser Welt. Ich aber habe das Meine verborgen in jener Welt, wie Jesaja spricht: ›Deine Gerechtigkeit wird dir vorangehen in jener Welt, und die Ehre Gottes wird deinen Gang beschließen‹.« Als der König mit seiner Rede fertig war, stimmten ihm seine Brüder zu. Sie sagten, er habe richtig gehandelt, und machten ihm keine Vorwürfe mehr. So hat König Monobaz seine weise Tat auch weise begründet.

Was lehrt diese Geschichte? Dass es erstrebenswert ist, seinen gesamten Besitz zu spenden? Wohl kaum, da es den halachischen Rahmen sprengen würde, der auch bei Wohltätigkeit ein klares Limit vorschreibt. Aber was lehrt die Geschichte dann? Es ist bekannt, dass gute Taten und das Geben von *Zedaka* (Spenden) eine der wichtigsten Säulen des Judentums darstellen. Der Jerusalemer Talmud sagt sogar, dass die *Mizwot* von *Zedaka* und *Chessed* (Barmherzigkeit) genau so bedeutsam sind wie alle anderen *Mizwot* zusammen. Wer *Zedaka* gibt, hilft nicht nur jemandem, der bedürftig ist, sondern er trägt zu *Tikkun Olam* bei, zur Verbesserung der Welt. Er tritt ein für mehr Gerechtigkeit und wird gleichzeitig selbst belohnt für seine Tat. So wird klar: König Monobaz betrachtete seine Tat nicht als Verschwendung, sondern für ihn war sie eine Investition. Er sah großen Sinn darin und bereute sein Handeln auch dann nicht, als seine Familie ihn kritisierte.

Es wird von einem großen Rabbi erzählt, der auf dem Weg zu seiner Synagoge war. Unterwegs kam ihm ein Mann entgegen. Der Rabbi kannte ihn aus seiner Gemeinde und wusste, dass er ein erfolgreicher Geschäftsmann war. Der Mann hatte es an diesem Morgen offenbar besonders eilig, denn er übersah den entgegenkommenden Rabbi, und die beiden stießen zusammen. Nach zahlreichen Entschuldigungen und nachdem beide ihre Fassung wiedererlangt hatten, erkundigte sich der Rabbi bei dem Mann, warum er es so eilig habe. »Rabbi«, sagte der Mann, »ich habe ein wichtiges Geschäft zu tätigen, das nicht warten kann. Der Mensch muss doch von etwas leben.« »Das ist richtig«, sagte der Rabbi, »man muss aber auch etwas haben, womit man sterben kann.« Der Rabbi meinte, dass der Mensch nichts Physisches von dieser Welt mitnehmen könne. Man sollte es daher nicht versäumen, in die Verbesserung des eigenen Charakters zu investieren. Dies geschieht, indem man Tora lernt und Bedürftigen hilft.

Chiskijahus Gebet in tiefster Not: Warum der König befürchtete, ihm würden ungeratene Kinder entstammen

Yizhak Ahren

Im 8. Jahrhundert v.d.Z. herrschte in Jehuda König Chiskijahu. Wir lesen von ihm im zweiten Buch der Könige und im Buch Jesaja. »In jener Zeit erkrankte Chiskijahu zum Sterben. Da kam zu ihm Jesaja, der Sohn von Amotz, der Prophet, und sagte zu ihm: ›So spricht der Ewige: Bestelle dein Haus, denn du wirst sterben und nicht leben‹.« Der Talmud kommentiert in Traktat Brachot 10a/b: »Was heißt ›denn du wirst sterben und nicht leben‹? – Sterben wirst du in dieser Welt und nicht leben in der künftigen Welt. Chiskijahu sprach zu ihm (Jesaja): Weshalb dies alles? Jesaja erwiderte: Weil du nicht die Fortpflanzung gepflegt hast.« Daraufhin erwiderte Chiskijahu: »Weil ich im heiligen Geist geschaut habe, dass mir ungeratene Kinder entstammen werden.« Und Jesaja entgegnete: »Was gehen dich die Geheimnisse des Allbarmherzigen an? Du solltest tun, was dir geboten, und der Heilige, gepriesen sei Er, mag tun, was Ihm gefällt.« Da kam Chiskijahu eine Idee, und er sprach: »So gib mir deine Tochter. Vielleicht bewirken meine und deine Verdienste zusammen, dass mir geratene Kinder entstammen.« Doch Jesaja erwiderte: »Das Unheil ist bereits über dich verhängt.« Aber Chiskijahu gab die Hoffnung nicht auf und sprach: »Sohn von Amotz, hör mit deiner Weissagung auf und geh weg! Folgendes ist mir aus dem Hause meines Ahnherrn überliefert: Selbst wenn ein scharfes Schwert auf dem Hals des Menschen ruht – verzweifle nicht an der Barmherzigkeit!« Welcher Ahnherr des Königs ist gemeint? Raschi erklärt, Chiskijahu habe sich auf König David bezogen, der einen Engel mit gezücktem Schwert erblickte und selbst in dieser Situation noch um Barmherzigkeit bat.

Im Talmud wird Chiskijahus Argument von mehreren Gelehrten bekräftigt: »Rabbi Jochanan und Rabbi Elieser sagten beide: Selbst wenn ein scharfes Schwert schon auf dem Hals des Menschen ruht, verzweifle er an der Barmherzigkeit nicht, denn es heißt bei Hiob: ›Wenn er mich auch tötet, hoffe ich dennoch auf ihn.‹ Rabbi Chana sagte: Selbst wenn der Traumengel zu einem Menschen sagt, dass er morgen sterben werde, verzweifle er nicht an der Barmherzigkeit, denn es heißt in Kohelet: ›Wo viele Träume, da Eitelkeit und viele Worte. Vielmehr fürchte Gott!‹« Was tat der um sein Leben besorgte König, nachdem er den Propheten zum Verlassen des Raums aufgefordert hatte? »Chiskijahu kehrte sein Antlitz zur Wand und betete zum Herrn. Er sprach: ›Ewiger, gedenke doch, wie ich vor Dir gewandelt bin in Wahrheit und mit ganzem Herzen, und wie ich getan habe, was gut ist in Deinen Augen!‹ Und Chiskijahu weinte laut.« Chiskijahus Gebet wurde sofort erhört, und Jesaja erhielt den Befehl: »Geh und sprich zu Chiskijahu: So spricht der Ewige, der Gott Davids, deines Vaters: Ich habe dein Gebet gehört, Ich habe deine Tränen gesehen. Siehe, Ich füge zu deinen Lebenstagen 15 Jahre hinzu.«

Ein Midrasch merkt an, es sei Jesaja nicht leichtgefallen, seine erste Prophezeiung zurückzunehmen und Chiskijahu die frohe Botschaft zu verkünden, sein in der Not gesprochenes Gebet sei von Gott erhört worden. Eine alte Tradition, die in einigen Handschriften des Talmuds sowie im Werk *Ejn Jakow* erhalten ist, weiß zu berichten, dass Jesaja schließlich der Bitte des Königs entsprach und ihm seine Tochter zur Frau gab. Aus dieser Ehe ging Menasse hervor, der seinem Vater im Alter von zwölf Jahren auf dem Thron folgte. König Chiskijahu hatte erklärt, er befürchte, ihm werden ungeratene Kinder entstammen. In diesem Punkt sollte er recht behalten: In den Augen unserer Weisen war König Menasse ein großer Übeltäter. Nach einer talmudischen Überlieferung brachte Menasse den Propheten Jesaja, seinen eigenen Großvater, um.

NATUR UND UMWELT

Vom Wasserleihen bei Dürre: Wie Nakdimon den Ewigen um Regen bat

Noemi Berger

Im Talmud-Traktat Taanit 19b und 20a lesen wir von einer wundersamen Begebenheit: Einst, da ganz Israel um Sukkot, das Laubhüttenfest, zu feiern, nach Jerusalem hinaufgepilgert war, herrschte Dürre im Land, und es mangelte dem Volk an Trinkwasser. Da begab sich der Weise Nakdimon, der Sohn Gorions, einer der wohlhabendsten Bürger Jerusalems, zu einem römischen Patrizier und sagte: »Bitte, leih mir das Wasser von zwölf Zisternen für die Wallfahrer in dieser Stadt. Ich werde dir die Wassermenge natürlich zurückerstatten. Sollte ich dazu jedoch nicht in der Lage sein, so werde ich dir zwölf Talente Silber geben« (heute vergleichbar mit fünf Millionen Euro). Beide wurden sich mit Handschlag einig, und der Römer setzte ihm eine Frist für die Rückgabe des Wassers. Der festgelegte Termin rückte heran, doch es war während der ganzen Zeit kein Regen gefallen. Am Morgen des Tages, an dem die Frist ablief, ließ der römische Herr dem Weisen eine Botschaft zukommen: »Erstatte mir das Wasser, oder zahl mir den Betrag, den ich bei dir guthabe und den du mir schuldest!« Nakdimon schickte ihm daraufhin folgende Nachricht: »Ich habe noch Zeit. Der Tag ist noch nicht zu Ende.«

Am Mittag und auch am Nachmittag mahnte ihn der römische Patrizier von Neuem: »Schick mir entweder sofort das Wasser oder die Silbertalente, die du mir schuldest!« Nakdimon antwortete ihm in einer Mitteilung mit den gleichen Worten wie am Morgen: »Ich habe noch Zeit, der Tag ist noch nicht zu Ende.« Da spottete der mächtige Römer über den Juden, lachte ihn aus und sprach: »Natürlich! Jawohl! Das ganze Jahr über hat es nicht geregnet, aber gerade heute und jetzt wird Regen niedergehen.« Frohgemut und voller Vorfreude in Erwartung des hohen Geldbetrags, den er gleich erhalten würde, begab er sich ins Badehaus. Und während sich der Römer noch im Badehaus vergnügte, betrat Nakdimon voller Trauer, aber auch voller Hoffnung im Vertrauen auf den Allmächtigen den Tempel, hüllte sich in seinen Gebetsschal und stellte sich hin, um zum Herrn der Welt zu beten: »Meister des Universums, es ist offenbart und bekannt vor Dir, dass ich weder für meine eigene Ehre noch für die Ehre des Hauses meines Vaters gehandelt habe. Vielmehr habe ich alles Dir zur Ehre getan, damit die Pilger während des Sukkotfestes Wasser zum Trinken haben.« Sogleich stiegen Wolken am Himmel auf, Regen stürzte herab, und die zwölf Zisternen füllten sich bis zum Rand. Es regnete und regnete, sodass die Brunnen überliefen.

Als der Römer das Badehaus verließ, kam Nakdimon gerade aus dem Tempel. Sie begegneten einander, und nun war es Nakdimon, der zu ihm sagte: »Erstatte mir das Geld, das du mir für das zusätzliche Wasser schuldest, das du erhalten hast.« Der Patrizier antwortete: »Ich weiß, dass dein Gott nur dir zuliebe die Naturkräfte in Aufruhr gebracht hat und den Regen nur für dich fallen ließ. Ich bleibe jedoch weiterhin bei meiner ganz legalen Forderung an dich und verlange von dir das versprochene Geld. Denn da die Sonne bereits untergegangen war, als der Regen fiel, hast du nicht zum vereinbarten Termin bezahlt. Das Wasser, das auf mein Grundstück regnete, ist auf jeden Fall mein Wasser.« Da kehrte Nakdimon nochmals in den Tempel zurück, hüllte sich abermals in seinen Gebetsschal, betete andächtig und sprach zu Gott: »Meister des Universums, tu kund und lass wissen, wie sehr Du Dein Volk liebst!«

Sofort verschwanden die Wolken, und die Sonne schien wieder. Der Allmächtige hatte somit auf wundersame Weise den Tag verlängert, bevor es dunkel wurde. So war es Nakdimon gelungen, seine Schulden fristgerecht zu begleichen.

›Wie fünffacher Regen‹: Was unsere Weisen über den Schnee sagten

Netanel Olhoeft

Im Talmudtraktat Taanit 3a sagt der Amoräer Raba: »Schnee ist für die Berge so wohltuend wie fünffacher Regen für die Erde.« Im Nahen Osten, wo das Wasser nicht in Fülle vorhanden ist, war eine solche Aussage ein besonders großes Lob des Schnees. Aber warum interessieren sich unsere Weisen für Schnee? Wäre Regen nicht schon genug? Wie wir der jüdischen Tradition entnehmen können, hat Schnee tatsächlich viele Bedeutungen. Raschi erklärt, Schnee krönt das Land Israel. Die gewaltige Gebirgskette des Antilibanons, im Norden des Heiligen Landes gelegen (heute im Libanon und in Syrien sowie dem Hermon-Berg auf den Golanhöhen), verdankt ihren emoritischen Namen, *Senir*, dem Umstand, dass auf ihren Gipfeln viel Schnee liegt. Zusammen mit der anderen großen Gebirgskette, dem majestätischen Libanon (von Hebräisch *lawan*, »weiß«, was auch auf Schnee hindeutet), stellen beide Israels höchstgelegenen Punkt dar. Je höher ein Ort liegt, desto mehr Gottesnähe bildet er im Tanach symbolisch ab. Nicht umsonst wurde die Tora den Israeliten auf einem Berg gegeben. Der Schnee, das klimatische Sinnbild der Höhe, ist also auch ein Zeichen für Erhabenheit. Der Libanon steht daher in einigen prophetischen Reden auch für den verschollenen Garten Eden. Aufgrund dieser Symbolik heißt es im Midrasch, unter dem transzendenten Thron Gottes liege Schnee. Dieser metaphorische Schnee deutet bildlich an, dass der Ewige noch viel erhabener ist als die höchsten schneebedeckten Berge der Erde.

Bemerkenswert ist, dass laut demselben Midrasch und dem Propheten Hesekiel die Kälte des Schnees weiter oben am Thron von Feuer flankiert wird. Starke Kälte und Hitze sind parallele Metaphern für die Macht und Unnahbarkeit Gottes. Beide Seiten, der Schnee und das Feuer, können den Menschen nämlich gefährlich werden, falls sie sich durch ihre Taten vom Ewigen entfernen. So lautet etwa eine Meinung in einem Midrasch: »Die Strafe der Bösewichte im Gehinom dauert zwölf Monate. Sechs davon sitzen sie in großer Hitze, sechs weitere in großer Kälte. Zu Beginn bringt sie der Heilige, gepriesen sei Er, in die Hitze, wo sie sagen werden: ›Dies ist das (feurige) Gehinom des Ewigen.‹ Danach führt Er sie in den Schnee, wo sie sagen werden: ›Dies ist die Kälte des Ewigen.‹ In der Hitze klagen sie ›hah‹, in der Kälte ›waj.‹« Aus diesem Grund haben sich einige überfromme jüdische Gelehrte des mittelalterlichen Deutschlands, sobald sie fühlten, dass sie gesündigt hatten, lieber schon unmittelbar in den kalten (diesweltlichen) Schnee gesetzt, um Sühne für ihre Vergehen zu erlangen und sich durch drastische Erziehungsmethoden von künftigen Verfehlungen fernzuhalten. Diese Praktiken wurden allerdings später von vielen moralischen Autoritäten der Tradition kritisiert, unter anderem vom Ramchal, dem italienischen Rabbiner Mosche Chaim Luzzatto.

Dennoch bleibt es dabei, dass Schnee das Potenzial hat, göttlichen Zorn und große Gefahren auszudrücken. So sagt der Ewige im Hiobbuch, es sei Schnee, »den Ich aufgespart habe für die Zeit der Bedrängnis, für den Tag der Schlacht und des Kampfes«. Veranschaulichend hören wir diesbezüglich in der Bibel über Benajahu ben Jehojada, einen der besten Krieger von König David, dass er gleich zwei große Gefahren bezwang: »Er erschlug einen Löwen in der Grube am Tage des Schnees.« Trotz alledem symbolisiert Schnee nicht nur schlechtes menschliches Verhalten, sondern auch dessen gute Kehrseite. Schnee steht aufgrund seiner reinen weißen Farbe auch für die innere Reinheit. So heißt es beim Propheten Jesaja: »Wenn eure Sünden rot wie Karmesin sind, mögen sie weiß wie Schnee werden.«

Die sechs Jahreszeiten: Saat, Winter, Frost, Ernte, Sommer und Hitze

Chajm Guski

»Die fünfte Jahreszeit« – diese Bezeichnung für den Karneval kennen auch diejenigen, die nicht im Rheinland leben. Natürlich ist das scherzhaft gemeint, aber sind die vier Jahreszeiten, die wir kennen, tatsächlich die einzig mögliche Einteilung? Immerhin ist sie ja von Menschen erdacht worden. Tatsächlich gibt es im traditionellen chinesischen Kalender 24 Halbmonate, die so etwas wie Jahreszeiten sind. Und der Hindu-Kalender kennt sechs Jahreszeiten – ebenso der Talmud. Sie sind im jüdischen Leben der Gegenwart nur nicht präsent. Nach der Geschichte der großen Flut beschloss Gott: »Fortan, alle Tage der Erde, sollen Saat und Ernte, Frost und Hitze, Sommer und Winter und Tag und Nacht nicht gestört sein.« Dieser kurze poetische Text, der keine chronologische Abfolge beschreibt, sondern eher Gegensätze, wurde in Talmud und Midrasch so verstanden, dass der Jahreskreislauf fortan nicht mehr unterbrochen sein würde: Saat, Ernte, Frost, Hitze, Sommer, Winter.

Raschi kommentiert dies an dieser Stelle entsprechend und bezieht sich damit auf den Talmud. Dort wird im Traktat Baba Metzia 106b berichtet: »Rabbi Schimon ben Menasja sagte: ›Die Hälfte des (Monats) Tischri, Cheschwan und die Hälfte des Kislew, das ist die Zeit der Saat (Sera). Die (andere) Hälfte des Kislew, Tewet und die (erste) Hälfte des Schwat, das ist der Winter (Choref). Die (andere) Hälfte des Schwat, Adar und die (erste) Hälfte des Nissan ist Frost (Kor). Die (andere) Hälfte des Nissan, der Ijar und die (erste) Hälfte des Siwan, das ist Ernte (Katzir). Die (zweite) Hälfte des Siwan, der Tamus und die (erste) Hälfte des Aw, das ist der Sommer (Kajiz). Die (zweite) Hälfte des Aw, der Elul und die (erste) Hälfte des Tischri, das ist Hitze (Chom).‹ Rabbi Jehuda zählt (die Jahreszeiten) vom Beginn des Tischri ausgehend, und Rabban Schimon ben Gamliel zählt sie von Cheschwan ausgehend.« Es gibt also keine Diskussion darüber, ob es sechs Jahreszeiten gibt, sondern nur darüber, wann sie beginnen. Jede dieser Perioden habe ihre Eigenschaften. So sei Kor kälter als der eigentliche Winter und Chom besonders heiß. Denn es heißt im Talmud: »Das Ende des Sommers ist schlimmer als der Sommer selbst.«

Es fällt auf, dass die Anfänge der Jahreszeiten nicht am Monatsanfang liegen, sondern in der Mitte – wenn man Rabbi Schimon ben Menasja folgt. Das wiederum ist der Grund für eine andere Entscheidung im Talmud, die uns sonst immer ein wenig zufällig erschien. Es geht um die Jahreszeit Kor – Frost: Diese beginnt in der zweiten Hälfte des Monats Schwat. Die Mitte des Monats ist der 15., in hebräischer Schrift mit Tet und Waw geschrieben und ausgesprochen »Tu«. »Tu Bischwat«, das sogenannte »Neujahrsfest der Bäume«. Wenn es also im Talmud heißt, das Neujahr der Bäume sei von Schammaj für den ersten Schwat bestimmt worden, aber das Haus Hillels bestimmte den 15., und die Halacha geht nach ihm, dann wundert das »krumme« Datum nicht mehr, denn mit dem 15. Schwat beginnt zugleich eine neue Jahreszeit. Die Mitte des Monats Schwat ist der Mittelpunkt zwischen Wintersonnenwende und der Tagundnachtgleiche im Frühling. Von nun an geht es aufwärts mit der Natur. Der Beginn der Jahreszeit »Katzir« (Ernte) ist ebenfalls leicht zu merken. Sie beginnt am 15. Nissan. Das ist der erste Tag von Pessach. Und »Sera« (Saat) beginnt am 15. Tischri und fällt somit auf Sukkot, das Laubhüttenfest. Würde man die Jahreszeiten als Kreis aufzeichnen, lägen sich Sukkot und Pessach gegenüber. Dieses etwas detailliertere System der Jahreszeiten ist eine Mischung aus Naturbeobachtung und »Kultivierung« – zumindest auf der Nordhalbkugel.

Wenn die Hitze zum Fluch wird: Was unsere Weisen über heiße Sommer sagen

Yael Deusel

Solange die Erde besteht, sollen Saat und Ernte, Frost und Hitze, Sommer und Winter, Tag und Nacht nicht aufhören. So verspricht es der Ewige nach der großen Flut. Sommer, Sonne und Hitze gehören untrennbar zusammen, wie schon das hebräische Wort für Sonne, *chama*, besagt. Wir freuen uns über angenehme Wärme, zu viel Hitze ist jedoch unerträglich. Die heiße Mittagszeit verbringt man am besten im Schatten, wie Abraham, der in der Tageshitze am Eingang seines Zeltes saß, als ihm der Ewige im Hain von Mamre erschien. Was genau bedeutet hier »Tageshitze«? Der Talmud erklärt, es sei der dritte Tag nach Abrahams Beschneidung gewesen, und der Ewige habe es an jenem Tag besonders heiß werden lassen, damit keiner die Ruhe des gastfreundlichen Rekonvaleszenten durch einen Besuch stört. Ist es also der Ewige, der für die Hitze verantwortlich ist? Unsere Weisen sind sich da gar nicht so sicher, denn Hitze kann ja mitunter auch Schaden verursachen, wie wir beispielsweise an verheerenden Waldbränden sehen.

Der Talmud in Traktat Awoda Sara 3a/b fragt, wie dies denn angehen könne; der Ewige gehe doch nicht wie ein Tyrann mit Seinen Geschöpfen um oder treibe gar Mutwillen mit ihnen. Später antwortet die Gemara darauf mit der Barajta, dass tatsächlich alles in der Hand des Himmels liege – außer Kälte und Hitze. Der Talmud beruft sich auf das biblische Buch *Mischlej* (Sprüche): »›*Zinim pachim*‹ sind auf dem Weg des Falschen. Wer sein Leben bewahren will, halte sich von ihnen fern.« Zwar übersetzt man *Zinim pachim* meist mit »Dornen und Schlingen«, doch wenn der Ausdruck im Talmud verwendet wird, deuten Raschi und andere Kommentatoren ihn als »Kälte und Hitze«. Damit wären sie menschengemacht, mitsamt dem Schaden, der durch beides erzeugt werden kann, und noch dazu in böser Absicht.

Raw Adda bar Ahawa vermutet dagegen, der Ausdruck beziehe sich hier ganz allgemein auf Schaden, der von Menschenhand verursacht werde. Tatsächlich kann es der Mensch wohl nicht Sommer und Winter werden lassen, aber Hitze und Kälte kann er erzeugen, im wörtlichen wie im übertragenen Sinne. Vielleicht denken wir dabei unwillkürlich auch an den Klimawandel. Von Korach, dem Sohn Jizhars, heißt es an anderer Stelle im Talmud, er habe den glühenden Zorn der ganzen Welt auf sich gezogen wie die Mittagshitze (*Zohorajim*), und so sei er folgerichtig auch vernichtet worden durch das Feuer, das vom Ewigen ausging. Welch drastische Warnung! Gleichzeitig lesen wir im Talmud, dass es einen Engel der Hitze und einen Engel der Kälte gebe, was nahelege, dass beides wohl doch himmlischen Ursprungs sein müsse.

Entscheidend ist, wie der Mensch damit umgeht. So erklärt Raba den zum Mörder, der einen Menschen gebunden und damit hilflos in der Hitze oder Kälte zurückgelassen und so dessen Tod verursacht hat. Auch Qualen können durch beides gewollt oder ungewollt erzeugt werden, beim Mitmenschen ebenso wie bei einem selbst. Die Hitze kann wie ein Fluch sein, aber man kann sich durchaus vor ihr schützen. Und auch für die Tiere ist ein angemessener Schutz vor der Hitze zu gewährleisten, wie uns Bawa Kamma belehrt. Hitze ist für die Erde genauso notwendig wie Kälte. Doch beide müssen sich die Waage halten, damit die Welt bestehen kann, im kosmischen Gleichgewicht zwischen der »Hitze des Orion« und der »Kälte der Plejaden«, wie der Talmud lehrt. Und auch Sonne und Regen müssen sich abwechseln zum

Erhalt der Schöpfung. Wie Rawina ben Ada und Raba ben Ada im Namen von Rabbi Jehuda sagten: Möge es Dein Wille sein, Ewiger, dass es in diesem Jahr Hitze und Regen gebe. Der Ewige möge uns also in einem heißen Jahr auch ausreichend Regen und Tau geben – zum Segen, nicht zum Fluch, wie wir im *Birkat HaGeschem*, der Bitte um Regen, beten.

›Mögen deine Setzlinge so sein wie du‹: Der Segen für einen Baum

Noemi Berger

Jüdische Quellen heben die Bedeutung der Bäume für die Natur hervor. *Tu Bischwat*, das Neujahrsfest der Bäume, gibt uns die Gelegenheit, uns wieder auf Gottes Schöpfung zu besinnen und unsere Umwelt zu würdigen. Auf diese Weise können wir ein positives Beispiel für andere sein. Bäume als Symbol des Lebenserhaltungssystems für den Menschen spielen auch eine wichtige pädagogische Rolle. Ursprünglich, so unsere Quellen, sollten Bäume vollständig zu unserem Lebensunterhalt beitragen. Stamm und Äste sollten wie Früchte schmecken. Da Bäume von Gott als Hauptnahrungsquelle des Menschen vorgesehen waren, konnte der gesamte Baum zum unmittelbaren Nutzen gebraucht werden. Doch hätte dies seine Produktionskapazität zerstört. Die Alternative war also, den Baum intakt zu lassen, damit er immer wieder Früchte hervorbringt, die der Mensch nutzen kann, ohne den Baum selbst zu zerstören, wie Raschi erklärt.

Es ist kein Zufall, dass wir Tu Bischwat mit Sensibilität für die Umwelt verbinden. Bäume nehmen im jüdischen Denken einen besonderen Platz ein. Unsere Geschichte aus dem Talmud zeigt dies auf einprägsame Weise: In der Gemara, im Traktat Taanit 5b und 6a, lesen wir von Rabbi Nachman bar Jizchak und Rabbi Jizchak. Beide saßen an einem Tisch und aßen. Als sie sich voneinander verabschiedeten, sagte Rabbi Nachman zu Rabbi Jizchak: »Meister, gib mir einen Segen, wie vor einer Reise üblich.« Rabbi Jizchak sagte darauf zu ihm: »Ich werde dir ein Gleichnis erzählen. Deine Lage ist mit einem Menschen vergleichbar, der durch die Wüste wandert und hungrig, müde und durstig ist. Da findet er einen Baum. Dessen Früchte sind süß, und sein Schatten ist angenehm. Und wie durch ein Wunder fließt auch noch ein Wasserstrom zu Füßen seines Stammes. Der müde und hungrige Mann isst von den Früchten des Baumes und trinkt vom frischen Wasser. Glücklich und zufrieden setzt er sich in den Schatten des Baumes, um auszuruhen. Nach einiger Zeit macht er sich auf, um weiterzugehen. Doch er will sich bei dem Baum dafür bedanken, dass er seine Lebenskräfte gestärkt hat. Er wendet sich dem Baum zu und sagt: ›Baum, womit soll ich dich segnen? Wenn ich dir wünsche, dass deine Früchte süß sein mögen – dies wäre doch vergeblich, denn deine Früchte sind ja bereits süß. Wenn ich dich damit segnen will, dass du eine angenehme Farbe haben sollst – deine Farbe ist doch bereits angenehm. Womit könnte ich dich noch segnen? Wenn ich darum bitte, dass ein Wasserstrahl zu deinen Füßen fließen soll – es fließt bereits ein Bächlein unter dir. Ja, womit kann ich dich segnen?‹ Er denkt nach und überlegt. Plötzlich weiß er, was er für den Baum erbitten soll. Und er segnet ihn wie folgt: ›Möge es Gottes Wille sein, dass alle Setzlinge, die aus dir hervorsprießen, genauso wie du sein mögen‹.«

Rabbi Jizchak fährt fort und spricht zu Rabbi Nachman: »Siehst du, mein Freund, genauso verhält es sich mit dir. Womit soll ich dich segnen? Wenn ich dich mit großem Torawissen segne – du besitzt ja bereits großes Wissen. Soll ich dich mit Reichtum segnen? Du hast doch bereits alle Reichtümer dieser Welt. Wenn ich darum bitte, dass du mit Kindern gesegnet sein mögest – du hast doch bereits viele Kinder. Möge es vielmehr Gottes Wille sein, dass deine Nachkommen so sein werden wie du. Das ist mein Wunsch und mein Segen für dich!« Um diesen Segen bat Rabbi Jizchak. In seiner Analogie zum Baum sagt Rabbi Jizzchak zu Rabbi Nachman, dass es in dem Gleichnis nicht um seine eigene Person geht. Er, Rabbi Nachman, braucht den Segen eigentlich nicht. Das Hauptaugenmerk muss auf seinen und unseren Nachkommen liegen, auf der nächsten Generation. Wir müssen alles tun, um unser Vertrauen in Gott an unsere Kinder weiterzugeben.

TIERE

Rabbi Jehuda HaNassi und das Kalb: Vom Umgang mit Tieren

Diana Kaplan

Eines Tages kam ein Kälbchen auf Rabbi Jehuda HaNassi zugerannt. Es wurde zusammen mit anderen Kälbern gerade zum Schlachten geführt und suchte in seiner Vorahnung Schutz bei dem großen Rabbi. Doch der sagte laut dem Talmud-Traktat Baba Mezia 85a zu dem Kälbchen: »Geh, denn dafür (für dieses Ende) wurdest du erschaffen.« Dafür, dass Rabbi Jehuda HaNassi kein Erbarmen mit dem Kälbchen zeigte, das auch eines von Gottes Geschöpfen war, wurde er bestraft. 13 Jahre lang wurde er deswegen von Schmerzen geplagt – und wurde dann genauso plötzlich geheilt, wie er krank wurde. Und seine Heilung geschah so: Ein Dienstmädchen fand einmal im Haus des Rabbis einige neugeborene Wiesel. Sie war schon dabei, die Tierchen hinauszuschaffen, als der Rabbi sie zurückhielt. Er sagte: »Gott hat Erbarmen mit all seinen Geschöpfen. Und wir Menschen müssen es Ihm gleichtun. Lass die kleinen Wiesel im Haus.« Als er also Erbarmen zeigte mit den von Gott erschaffenen Kreaturen, hatte Gott auch Erbarmen mit ihm, und er wurde geheilt.

Man muss erwähnen, dass Rabbi Jehuda HaNassi oder »Rabbi«, wie er von allen genannt wurde, da er überall wegen seiner Weisheit und Stellung hoch angesehen war, ein überaus bescheidener Mann war. Von ihm stammt auch der berühmte Satz: »Ich habe viel von meinen Lehrern gelernt, noch mehr von meinen Freunden und Chawrutas (Mitstudenten), doch das meiste lernte ich von meinen Schülern.« Er lebte vor, dass man von jedem Menschen lernen sollte. Denn die Tora wird mit Wasser verglichen, und wie ein älterer Mensch sich nicht dafür schämen muss, dass ein jüngerer ihm Wasser zu trinken gibt, so muss er sich auch nicht schämen, wenn ein jüngerer oder weniger gelehrter Mensch ihm hilft, seinen Wissensdurst zu stillen. Mit großem Reichtum gesegnet, nutzte Rabbi Jehuda HaNassi seinen Wohlstand, um anderen zu helfen und großzügig zu sein. Er war derjenige, der die Mischna, die mündliche Tora, niederschreiben ließ; denn er nahm an, dass Jahrhunderte des Exils es sehr schwer machen würden, sie authentisch zu erhalten. Rabbi Jehuda HaNassi war ein sehr großer und weiser Rabbi, der sich auf einem sehr hohen spirituellen Niveau befand. Trotz oder gerade wegen seiner Weisheit wurde er dafür bestraft, dass er nicht genug Erbarmen mit einem Kälbchen hatte.

Dieses und das nachfolgende Beispiel zeigen, wie umsichtig man im Umgang mit Tieren sein sollte. Laut einem Midrasch kam eines Tages, als Mose mit den Schafen seines Schwiegervaters Jitro unterwegs war, ein Schaf von der Herde ab und lief davon. Mose rannte ihm nach und sah, dass es an einem schattigen Platz Rast machte und anfing, seinen Durst zu stillen. Mose näherte sich dem

Schaf und sprach: »Ich wusste nicht, dass du weggerannt bist, weil du Durst hattest. Du bist wohl sehr erschöpft.« Daraufhin lud er das Schaf auf seine Schultern und trug es zur Herde zurück. Weil er sich erbarmte und so umsichtig mit dem Schaf umging, verdiente er es, zum Anführer der Israeliten gewählt zu werden.

Die Tora regelt unseren Umgang mit Tieren und nimmt das Verbot von Zaar Baalei Chaim, der Grausamkeit gegenüber Tieren, sehr ernst. Schon in der Bibel steht: »Ich werde Gras geben für euer Vieh auf euren Feldern, und ihr werdet essen und satt sein.« Daraus lernt man, dass es verboten ist zu essen, bevor man seine Tiere gefüttert hat. Denn auch, wenn sich Tiere in der Obhut des Menschen befinden, soll diese Beziehung nicht von Grausamkeit geprägt sein, und auch die Herrschaft über Tiere hat ihre Grenzen für den Menschen. Auch wenn es dem Menschen erlaubt ist, Tiere für sich zu nutzen, soll dies doch auf feinfühlige und schonende Weise geschehen und unnötiges Leid vermieden werden.

Die Taube als Symbol: Von Noach bis Raschi

Chajm Guski

Tauben sind alte Begleiter des Menschen. Wir erinnern uns an die Geschichte von Noach, und sie begegnen uns als Opfertiere in der Tora. Es ist also nicht verwunderlich, dass sie auch im Talmud eine Rolle spielen. Recht schnell wird man darauf gestoßen, dass die Taube natürlich auch eine Symbolfunktion erfüllt. Laut dem Talmud-Traktat Eruwin lasse schon die Geschichte von Noach eine

Symbolik erkennen. Die Taube spricht zu Gott: »Herr der Welt, es ist besser, dass meine Nahrung bitter ist wie eine Olive, aber vollkommen in Deiner Hand, als so süß wie Honig, aber vollständig abhängig von den Menschen.« Laut Rabbi Jochanan sind Tauben besonders treu. Man könne von ihnen etwas über »verbotene Beziehungen« lernen.

Aber steht die Taube auch für Frieden? Das ist eine christliche Sicht. Sie geht auf den Kirchenschriftsteller Tertullian (150–220) zurück. Er sah die Taube als Symbol für den Heiligen Geist, der den Frieden aus dem Himmel bringt. Im Talmud steht die Taube (hebräisch: Jona) für das jüdische Volk. Im Traktat Schabbat 49a wird von Elischa, dem Herrn der Flügel – Lazarus Goldschmidt übersetzt ihn mit »Flügelmann« –, erzählt. Einst habe die »ruchlose« römische Regierung ein Dekret erlassen, wonach es untersagt war, Tefillin zu tragen. Jeder, der dem zuwiderhandelte, sollte mit dem Durchbohren des Gehirns bestraft werden. So der Talmud. Elischa tat es trotzdem, ging damit hinaus auf den Marktplatz und wurde von einem römischen Beamten entdeckt. Als Elischa ihn sah, versuchte er zu fliehen, doch der Beamte holte ihn ein. Elischa verbarg die Tefillin in seiner Hand. »Was hast du in deiner Hand?«, wurde Elischa gefragt. Er antwortete: »Die Flügel einer Taube.« Der Beamte zwang Elischa, seine Hände zu öffnen – und siehe da: Er hielt tatsächlich die Flügel einer Taube in seinen Händen. Deshalb habe man Elischa den »Herrn der Flügel« genannt. Der Talmud fährt fort und fragt, warum Elischa sich auf Taubenflügel bezogen habe und nicht auf etwas anderes oder auf einen anderen Vogel? »Weil die Gemeinschaft Israels mit einer Taube verglichen wird.« So heiße es in den Tehilim: »Du sollst glänzen wie die Flügel einer Taube, die mit Silber überzogen sind, und ihre Flügel mit gelbem Gold.« (68,14) So wie die Flügel eine Taube beschützen, so beschützten die Mizwot das jüdische Volk.

Zu dieser Stelle merkt der Kommentator Raschi an, dass die Taube nicht wie andere Vögel Raubtiere mit ihren Flügeln in die Flucht schlage und ihre Flügel sie bei Kälte schützen würden.

An anderer Stelle im Talmud wird von jemandem berichtet, der mit Vögeln sprechen konnte. Raw Ilisch wurde gefangen genommen. Im Gefängnis saß er mit jemandem in der Zelle, der die Sprache der Vögel verstand, heißt es lapidar. Da kam ein Rabe und rief nach Raw Ilisch. Raw Ilisch fragte den Mann: »Was sagt der Rabe?« Er antwortete: »Ilisch, flieh! Ilisch, flieh!« Raw Ilisch traute der Sache nicht: »Der Rabe lügt, ich verlasse mich nicht auf ihn.« Später kam eine Taube. Raw Ilisch fragte wieder, was sie sagte, und der Mann antwortete: »Ilisch, flieh! Ilisch, flieh!« Da antwortete Ilisch: »Die Gemeinschaft Israels wird mit einer Taube verglichen. Ich schließe aus den Worten der Taube, dass ein Wunder für mich geschehen wird und ich versuchen kann zu fliehen.«

Für das jüdische Volk, ja, für die Menschen sei die Taube darüber hinaus auch Vorbild. So sagt Rabbi Abbahu: »Ein Mensch sollte stets unter den Verfolgten sein und nicht unter den Verfolgern. Man kann beweisen, dass es so ist, denn kein Tier unter den Vögeln wird mehr verfolgt als Tauben. Von allen Vögeln hielt die Tora sie für geeignet, auf dem Altar geopfert zu werden.« Wir sehen, dass eine bestimmte Symbolik manchmal durch dominantere Deutungen überdeckt werden kann. Die Taube ist dafür ein besonderes Beispiel, sonst heißt es schnell, das Symboltier für den Frieden sei im Tempel geopfert worden.

Verloren und gefunden: Wie sich Chanina Ben Dossa um fremde Küken kümmerte

Noemi Berger

In der Tora wie auch in der talmudischen Literatur lesen wir viel darüber, wie man mit verlorenen beziehungsweise gefundenen fremden Gegenständen und sogar Tieren, die sich verlaufen haben, umgehen soll. Das Gebot der Tora schreibt die bedingungslose Rückgabe dieser Funde vor. Im Jerusalemer Talmud Traktat Baba Mezia lesen wir von dem Gelehrten Rabbi Schmuel bar Susarti, der gerade nach Rom gezogen war, als dort die Frau des Kaisers ihren Schmuck verloren hatte. Rabbi Schmuel fand den Schmuck. Die Kaiserin ließ im ganzen Land ausrufen: ›Wer innerhalb von 30 Tagen den Schmuck zurückgibt, erhält einen bestimmten Finderlohn – wer den Schmuck aber erst nach Ablauf der 30 Tage zurückgibt, dem wird der Kopf abgeschlagen.‹ Der Rabbi ließ die 30 Tage verstreichen und lieferte den Schmuck erst ab, nachdem diese Frist vergangen war. Die Frau des Kaisers fragte ihn: »Bist du außer Landes gewesen?« Der Rabbi erwiderte: »Nein, ich war vor Ort in Rom.« Die Kaiserin fragte weiter: »Hast du vielleicht nicht von meinem Befehl gehört?« Der Rabbi sagte: »Doch, er wurde mir bekannt.« Da fragte sie ihn: »Warum hast du den Fund dann nicht innerhalb der festgesetzten Frist zurückgegeben?« Er antwortete: »Man soll nicht sagen, ich hätte den Schmuck aus Furcht vor dir zurückgegeben, sondern allein aus Furcht vor Gott!« Da rief die Kaiserin aus: »Gelobt sei der Gott Israels!«

Eine andere Erzählung zu dieser Thematik aus dem Babylonischen Talmud zeigt, wie ernst und wichtig das Gebot genommen wird, wenn es darum geht, verlaufene Tiere den rechtmäßigen Eigentümern zurückzuführen. So wird von dem bedeutenden Gelehrten Chanina Ben Dossa berichtet. Dieser berühmte Rabbi lebte vor knapp 2000 Jahren im alten Israel. Rabbi Chanina galt als sehr arm. Und so wunderten sich die Nachbarn, als sie aus seinem Anwesen das Blöken einer Ziege hörten. Woher hatte der arme Rabbi plötzlich eine Ziege? Als er gefragt wurde, gab Rabbi Chanina bereitwillig Auskunft: Vor längerer Zeit seien vor seinem Haus, aus einer Kutsche, mehrere Küken entkommen. Er, Rabbi Chanina, hätte sie zu sich genommen und den Eigentümer der Küken gesucht. Jedoch habe er niemanden gefunden, der diese Küken vermisst hätte. Wochen vergingen, und aus den kleinen Küken wurden große Hühner. Es versteht sich von selbst, dass die Frau des Rabbis die Eier in der Küche verwerten wollte. Doch ihr Mann ließ das nicht zu. So schlüpften aus diesen Eiern wieder Küken – so viele, dass die Familie nach einer Weile vor lauter Hühnern im eigenen Haus kaum noch Platz für sich hatte. Da musste der Rabbi handeln: Er verkaufte ein paar Hühner und besorgte sich von dem Erlös eine Ziege. Dies bekamen seine Nachbarn mit, denn die Ziege machte sich durch ihr Blöken bemerkbar. Eines Tages bekam Rabbi Chanina ben Dossa zu Ohren, dass jemand vor seinem Haus Küken verloren hätte. Der Rabbi ging der Sache nach und war sich sicher, dass er es mit dem rechtmäßigen Besitzer der Hühner zu tun hat. Also gab er ihm die Ziege, die er sich einst durch den Verkauf der Hühner zugelegt hatte.

Der schlaue Fuchs: Tierische Motive aus der Zeit der Weisen

Chajm Guski

Durch die Fabeln des antiken griechischen Dichters Aesop haben viele Tiere die Eigenschaften erhalten, die wir ihnen heute zuschreiben: Der Hase ist vorsichtig, aber auch vorlaut, der Löwe mächtig und königlich, und der Fuchs ist schlau, aber durchtrieben. Die Weisen des Talmuds sahen es ähnlich, und möglicherweise kannten sie die Fabeln. Der Fuchs begegnet uns hier verschiedene Male, oft nur in kurzen, sprichworthaften Sätzen wie »Sei lieber der Schwanz unter den Löwen als der Kopf der Füchse«. An anderer Stelle wird folgendes Sprichwort zitiert: »Rabbi Jochanan sprach zu Rabbi Schimon ben Lakisch: ›Der Löwe, den du erwähnt hast, ist ein Fuchs geworden.‹« Mit anderen Worten: Derjenige, von dem Gutes gedacht wurde, hat sich als dümmer herausgestellt. Auf der anderen Seite beschreibt Rabbi Chijja bar Abba den Fuchs als »das Tier, das rückwärtsläuft, wenn es flieht«. Der Fuchs ist also clever genug, seinem Feind nicht den Rücken zuzuwenden. Und dennoch habe auch der Fuchs »seine Stunde«. Dazu heißt es im Talmud: »Wenn der Fuchs seine Stunde hat, soll man sich vor ihm verneigen.«

Geschichten über den Fuchs scheint es zahlreiche gegeben zu haben: »Rabbi Jochanan sagt: ›Rabbi Meir kannte 300 Geschichten über Füchse, und wir haben nur drei.‹« Überliefert sind leider keine 300 mehr. Rabbi Akiwa erzählte die bekannteste von ihnen: »Es war einmal ein Fuchs, der an einem Flussufer entlangging und sah, dass sich die Fische versammeln und von einem Ort zum anderen fliehen. Der Fuchs sprach: ›Wovor flieht ihr?‹ Darauf antworteten die Fische: ›Wir fliehen vor den Netzen, die die Menschen auf uns werfen.‹ Da antwortete der Fuchs: ›Kommt doch aufs trockene Land, wir werden zusammenwohnen, so wie meine Vorfahren bei euren Vorfahren gewohnt haben.‹ Die Fische antworteten ihm: ›Du bist derjenige, von dem man sagt, er sei das klügste aller Tiere? Du bist nicht klug; du bist ein Narr. Wenn wir im Wasser, dem Raum, der uns das Leben schenkt, Angst haben, dann erst recht in einem Lebensraum, der uns den Tod bringt.‹« Rabbi Akiwa wollte damit lehren, dass das jüdische Volk trotz römischer Unterdrückung das Torastudium und damit auch das jüdische Leben weiterführen sollte, denn dies sei das Terrain des jüdischen Volkes. Dies sei besser, als untätig auf das Terrain der Römer zu kommen.

Der mittelalterliche Raschi-Kommentar überliefert eine Geschichte über den Fuchs und den Wolf. Beide hatten es auf einen gedeckten Tisch abgesehen, und als der Fuchs sich bedienen wollte, machte der Wolf viel Lärm. Die Gesellschaft wurde darauf aufmerksam und setzte dem Fuchs nach. Als sie ihm folgte, ließ es sich der Wolf gut gehen. Das wollte der Fuchs nicht auf sich sitzen lassen, so erzählte er ihm von einem großen Käse, den Dorfbewohner an einem geheimen Ort versteckten. Und so führte er den neugierigen Wolf bei Nacht zu einem Brunnen. Darin spiegelte sich der Mond – und sah aus wie ein Käse. Es gab zwei Eimer, und der Fuchs sagte, er setze sich in einen und der Wolf in den anderen. Schnell sauste der Wolf nach unten. Der Fuchs blieb oben, stieg aus und war den Wolf los. Und wenn der Fuchs uns begegnet? Das muss nicht immer ein schlechtes Zeichen sein. Die Weisen sehen folgende Dinge als schlechte Zeichen für eine Reise: wenn jemandem der Stab aus der Hand fällt, wenn jemand von seinem Sohn von hinten gerufen wird, wenn ein Rabe ihm zuruft oder wenn ein Reh ihm den Weg versperrt, wenn eine Schlange zu seiner Rechten ist oder ein Fuchs zu seiner Linken. Wer sich aber darauf verlasse, der sei ein

Zauberer, den es nicht im jüdischen Volk geben dürfe. Also besser nicht darauf achten.

Erinnert sich noch jemand an den Fuchsschwanz, der so manches Auto schmückte? Der Talmud kennt ihn für Pferde. Es wird berichtet, dass man offenbar einen Fuchsschwanz (oder einen roten Faden) zwischen den Augen eines Pferdes befestigt hat. Auch wenn also viele der Geschichten heute verloren sind, zeigen sie doch, dass sich viele Motive seit der Zeit der Weisen des Talmud gehalten haben.

Katz und Maus: Was passiert, wenn die Samtpfote ihre Pflicht aus irgendeinem Grund nicht erfüllen kann?

Netanel Olhoeft

In einem Midrasch findet sich eine Aufzählung von allerlei Geschöpfen, darunter vielen Tieren, denen je ein Vers aus der Bibel zugeordnet wird. Der etwas mystische Hintergedanke dabei ist, dass jede Kreatur auf dieser Welt ihr ganz eigenes nonverbales Gotteslob spricht, das durch einen jeweiligen Bibelvers sichtbar gemacht werden kann. Dort heißt es: »Die Katze sagt: Ich werde meine Feinde jagen und fangen! Erst, wenn ich sie vernichtet habe, kehre ich wieder um.« Anders als heute lag in talmudischer Zeit der Hauptgrund für das Halten einer Katze darin, dass sie die Mäuse im Haus fängt. In Psalm 18 versichert die Katze, dass sie für die Menschen ein ganz ausgezeichneter Jäger sein werde.

Doch was passiert, wenn die Katze ihre Pflicht aus irgendeinem Grund nicht erfüllen kann? Im Talmud-Traktat Baba Mezia 97a heißt es in einer Geschichte: »Es gab einmal einen Mann, der sich von seinem Nachbarn eine Katze (zum Mäusefangen) lieh. Da schlossen sich die Mäuse (in seinem Haus) gegen die Katze zusammen und töteten sie.« Wie so typisch für die rabbinischen Texte unserer Weisen interessiert sich der Talmud auch hier zunächst nicht dafür, wie der Komplott der Mäuse genau ablief. Vielmehr ist unsere Geschichte Teil einer Abhandlung in der Gemara über die Pflicht, Schadenersatz zu leisten, wenn man von seinem Nächsten ein Tier oder ein Werkzeug für eine bestimmte Arbeit geborgt hat und dieses in seinem ursprünglichen Zustand nicht mehr zurückgeben kann. Die Tora hat dazu folgendes Gesetz vorgegeben: »Und wenn ein Mann von seinem Nachbarn etwas leiht, und (diese Leihgabe) zerbricht oder stirbt, muss – sofern ihr Eigentümer nicht anwesend war – (der Entleiher) Entschädigung leisten.« Die mündliche Tora, die in Mischna und Gemara kodiert ist, erklärt hier sogleich, dass diese Regelung nur dann gilt, wenn das Tier oder das Werkzeug durch falschen Umgang oder durch Fremdeinwirkung Schaden genommen hat. Wenn es aber bei korrekter Nutzung bei seiner regulären Arbeit gestorben beziehungsweise kaputtgegangen ist, dann ist der Entleiher von jeglicher Erstattung befreit.

Die Gemara führt ihre juristische Diskussion in diesem Sinne fort: »Raw Aschi saß nieder und überlegte: ›Was sollen wir zu diesem Fall (der von Mäusen besiegten Katze) sagen? Sollte man etwa meinen, dass sie einem normalen Arbeitsrisiko zum Opfer gefallen ist?‹ Raw Mordechai (…) sagte zu Raw Aschi: ›(In einem so außergewöhnlichen Fall) ist überhaupt keine Rechtsprechung nötig.‹« Der berühmte mittelalterliche Exeget Raschi erklärt Raw Mordechais Antwort auf folgende Weise: »(Als Katze) hätte sie nicht den (viel schwächeren Mäusen) in die Hände fallen sollen.« Demnach war die

Katze also selbst schuld, dass sie sich hat besiegen lassen. Da es aber fast nie vorkomme, dass eine Mäuseallianz geschulte Raubtiere bezwingen könne, gelte in diesem Fall eine Ausnahmeregelung, und eine Entschädigung des Katzenbesitzers durch den Entleiher sei nicht notwendig.

Nach diesem halachischen Fazit besinnt sich die Gemara allerdings doch noch darauf, dass das Szenario einer von Mäusen getöteten Katze tatsächlich nicht ganz glaubwürdig erscheint. Daher zitiert sie eine alternative Lehrmeinung, wonach eigentlich das Folgende zwischen besagter Katze und den Mäusen vorgefallen sei: »Die (geliehene) Katze aß zu viele Mäuse, wurde krank und starb daran.« Dies ist vielleicht eine realistischere Version dessen, was sich da zwischen der Katze und den Mäusen zugetragen hat. Für die Halacha hat diese alternative Version aber keine praktische Relevanz: Auch in diesem Fall kommen Raw Aschi und Raw Mordechai zu dem Schluss, dass eine solche Krankheit durch übermäßigen Mäusekonsum ungewöhnlich sei und daher »keine Rechtsprechung« gebraucht werde.

Gute Taten statt Tieropfer: Was Jochanan ben Sakkai beim Anblick des zerstörten Tempels sagte

Boris Ronis

Beim Anblick des zerstörten Tempels rief Rabbi Jehoschua: »Wehe uns, denn der Ort für Israels Sühne liegt in Ruinen!« Er beklagte, dass der Opferdienst nicht mehr möglich sei, und befürchtete, die

Kinder Israels würden sich nicht mehr entsühnen können. Doch sein Lehrer Jochanan ben Sakkai sah das anders und erwiderte: »Trauere nicht, mein Sohn, wir besitzen Sühnemittel, die dem Opfer gleichwertig sind. Welche das sind? – Gute Taten!« Er entnahm diese Aussage dem Propheten Hosea: »Ich liebe Barmherzigkeit, nicht das Opfer.« Einige Jahrhunderte später erklärte Rabbi Jizchak gar, das Gebet stehe auf einer höheren Stufe als das Opfer.

Es ist heute schwer, einem aufgeklärten Menschen zu erklären, was im Zeitalter des Tempels ein Tieropfer bedeutete. Damals brachte man Opfer dar, um sich von seiner Sünde zu befreien. Sicherlich reichte das Tieropfer allein nicht aus – man musste sich seiner Sünde auch bewusst sein. Im Zusammenhang mit dem Tieropfer hatte man die Möglichkeit, sich zu entsühnen. Das Opfer war auch ein Akt der Ehrerbietung gegenüber Gott. Es war möglich, es klein zu halten – selbst arme Menschen konnten es sich leisten. Eine bekannte Form der Opfergabe war ein Festmahl, an dem die Opferbringer teilnahmen. Die Tora beschreibt die Opfergabe als täglichen Bestandteil des persönlichen, familiären und bürgerlichen Lebens. Das Opfer konnte sowohl gemeinschaftlich als auch individuell dargebracht werden. Schon in der Bibel können wir eine Hinwendung vom Ritual- beziehungsweise Tieropfer hin zur moralischen Lebensweise beobachten. So lesen wir bei Amos: »Wenn ihr mir auch Brand- und Speiseopfer darbringt, will ich sie nicht annehmen und will eure Opfer von fetten Tieren nicht beachten. Vielmehr lasst das Recht wie Wasser fließen und die Gerechtigkeit wie einen nie versiegenden Bach. Habt ihr Mir denn die 40 Jahre in der Wüste Opfer dargebracht, Volk Israels?« Diese Aussage ist eindeutig. Nicht das Tieropfer ist wichtig, sondern der Mensch, der es versteht, rechtschaffen und ehrlich in dieser Welt zu wandeln. Das größte Tieropfer bringt nichts, wenn er sich gegen die Tora, gegen den Willen Gottes stellt.

Nach der Zerstörung des Tempels handelten die Rabbanim sehr klug, als sie das Gebet zum Ersatz für das Rauch- und Brandopfer bestimmten. Damit definierten sie auch die Rolle des Menschen Gott gegenüber neu: Der Mensch ist nun in der Lage, auf geistiger Ebene ein Opfer zu bringen. Das bedeutet mehr Verantwortung, denn als Voraussetzung ist nun eine innere geistige Bereitschaft vonnöten. Man könnte meinen, der Mensch habe dadurch einen direkten Draht zu Gott. Opfer und Gebet haben die Funktion, uns dem Ewigen näherzubringen. Ist es dann nicht eine höhere Kunst der Kommunikation mit Gott, wenn wir kein Substitut mehr benötigen, kein Tier mehr opfern? Die geistige Absicht in Form eines Gebets ist die höchste Form, in der sich Menschen Gott zuwenden. Doch sie bedarf einer geistigen und seelischen Bereitschaft während des Gebets. Die Rabbiner der Antike erkannten, dass die Kinder Israels aus ihrem Kult herausgewachsen waren. Bereits zur Zeit unserer Vorfahren hatte der Opferkult seinen Zenit überschritten. Man benötigte dieses Ritual nicht mehr und war nunmehr bereit, den nächsten Schritt zu gehen: sich moralisch und ethisch zu verhalten. Dazu gehören auch heute noch: gute Taten, Spenden und das Lernen der Tora – damit wir auch in Zukunft vorwärtsgehen und uns entwickeln können.

ESSEN UND TRINKEN

Bier zum Kiddusch: Was unsere Weisen vom Gerstensaft hielten

Jehoschua Ahrens

Im Judentum gehört Wein zu den wichtigen Getränken. Wir segnen den Schabbat, die Feiertage und viele freudige Ereignisse wie eine Brit Mila oder eine Hochzeit mit Wein. Wein steht in der jüdischen Religion für das Gute, Freudige, Gesellige und auch das Besondere, denn Wein war ein Luxusgut, das nur an bestimmten Tagen konsumiert wurde. Oft steht Wein im Tanach und in der rabbinischen Literatur auch in direkter Verbindung mit Gesang. Was viele nicht wissen: Auch ein anderes alkoholisches Getränk ist seit Langem Teil der jüdischen Tradition: Bier. Spätestens im babylonischen Exil kamen Juden auf den Geschmack des Bieres. Wie der Talmud im Traktat Pessachim erklärt, wurde es entweder aus

Gerste, Feigen oder Maulbeeren gebraut. Bierbrauer war ein anerkannter und respektierter Beruf, und man konnte damit ein gutes Einkommen erzielen. Raw Papa sagte: »Hätte ich kein Bier gebraut, wäre ich nicht so reich geworden.« Der Talmud fragt: »Was bedeutet eigentlich Sodana (das aramäische Wort für Bierbrauer)?« Raw Chisda erwidert: »Sod Nae« – »ein wohltuendes Geheimnis«. Der Ben Isch Chai erklärt in seinem Kommentar, Bier sei, wenn es richtig gebraut wird – was ein Geheimnis ist, weil man das Handwerk von jemandem lernen muss – und man es um des Himmels willen trinkt, wohltuend, also gesundheitsfördernd. Diese gesundheitsfördernde Wirkung des Bieres wird an verschiedenen Stellen des Talmuds beschrieben. So werden die medizinischen Eigenschaften von Hopfen als Konservierungsmittel und Antiseptikum erwähnt. An anderer Stelle diskutieren Ula, Rabbi Joseph und Raw Papa, welches Würzbier am besten gegen Verstopfung und Durchfall hilft. Ula meint, babylonisches Bier. Rabbi Josef ist von ägyptischem Bier aus je einem Drittel Gerste, Safran und Salz überzeugt, Raw Papa wiederum von Bier aus je einem Drittel Weizen, Safran sowie Salz und Kümmel. Selbst Tieren soll Bier helfen, so heißt es im Talmud: »Einst hatte einer der Ochsen von Raw Papa Zahnschmerzen. Da ging er in das Haus und öffnete den Bottich, trank vom Bier – und war genesen.«

Manchmal kann Bier auch Wein ersetzen. Der Talmud erzählt die Geschichte von Mar Junka und Mar Kaschischa: »Einst kehrte Amemar in unserer Ortschaft ein, und da wir keinen Wein hatten, brachten wir ihm Bier. Er aber sprach darüber nicht Hawdala. (...) Ein Jahr darauf kehrte er abermals in unserer Ortschaft ein, und da wir keinen Wein hatten, besorgten wir ihm Bier. Da sprach er: Demnach ist dies der Wein des Landes. Hierauf sprach er darüber Hawdala.« Tosfot kommentieren: »Wir müssen uns fragen, ob man Kiddusch über Bier rezitieren kann, wenn es der ›Wein des Landes‹

ist, genau wie sie darüber Hawdala rezitieren. Der Teil, der es verbietet, Kiddusch über Bier zu rezitieren, bezieht sich nur auf einen Fall, in dem es nicht der ›Wein des Landes‹ ist.« Tatsächlich ist es erlaubt, anstelle des Weins Bier oder andere lokale Getränke für die Hawdala zu verwenden.

Die jüdische Liebe zum Bier und zum Brauereihandwerk blieb übrigens auch in der Moderne bestehen. Juden waren beispielsweise maßgeblich am Aufbau von großen Brauereien beteiligt. So machte der bayerische Hofbankier Jakob von Hirsch die ›Schlossbrauerei Planegg‹ zu einer der ersten Großbrauereien, aus ihr entstand später die ›Pschorr Bräu AG‹. Und Moritz Guggenheimer machte ›Löwenbräu‹ zu einer der weltweit bekanntesten Brauereien seiner Zeit. Die Gründer von ›Carlsberg‹ in Dänemark, ›Ottakringer‹ in Österreich und ›Rheingold Beer‹ in den USA waren allesamt jüdisch. Auch in Israel gibt es seit einigen Jahrzehnten wieder diverse Brauereien.

Die Heilkraft des Spargels: Was unsere Weisen über das Wurzelgemüse wussten

Yael Deusel

Frühlingszeit ist Spargelzeit – die Ernte des edlen Gemüses endet mit dem Beginn des Sommers. Besonders gern genießt man heute den Spargel mit Weißwein. Dies war bereits zu talmudischer Zeit bekannt, wenn auch in anderer Form. Man kombinierte offenbar beides und stellte daraus einen Spargeltrank her, welcher der Gesundheit dienen sollte. Schon der griechische Arzt Hippokrates beschreibt sowohl die Spargelwurzel als auch einen daraus gepressten Saft als Heilmittel. Manchmal wurde die Wurzel auch getrocknet und dann mit einer alkoholhaltigen Flüssigkeit zur Tinktur vermischt, wie es noch heute bei vielen pflanzlichen Arzneien geschieht. Dabei dient der Alkohol als Träger für den Wirkstoff und konserviert ihn gleichzeitig.

Im Talmud-Traktat Brachot 51a erfahren wir, dass die Rabbinen lehrten, ein solcher Spargeltrank sei gut für Herz und Augen, ganz besonders aber für die Verdauung. Zwar schrieben die Weisen jener Zeit die positive Wirkung für das Herz dem Weinanteil zu. Das dürfte allerdings eher subjektiv der Fall gewesen sein. Denn die eigentliche herzstärkende Komponente beruht wohl vorwiegend auf dem entwässernden Faktor des Spargels selbst. Auch die Verbesserung der Verdauung ist leicht zu erklären, zumal der Spargel, als Gemüse genossen, ein faserreiches Gewächs ist. Darüber hinaus wirkt er entgiftend auf die Leber. Außerdem ist der Spargel vitamin- und mineralstoffreich, was tatsächlich gut für die Augen ist. Allzu viel ist jedoch ungesund, und so heißt es an gleicher Stelle im Talmud, man solle den Trank nicht im Übermaße zu sich nehmen, denn dann sei er schädlich – wobei das für den Spargel freilich genauso gilt wie für den Wein.

Unter den Gelehrten entstand eine Diskussion um eine Barajta, in der Spargel als wohltuend für Herz, Augen und Milz beschrieben wird, aber als schädlich für Kopf, Darm und Hämorrhoiden oder auch den Unterleib. Denn eine andere Barajta lehrte genau das Gegenteil. Die Gemara löst das Problem auf folgende Weise: Sie besagt, der Spargeltrank sei gut für Herz, Augen und Milz, wenn er aus Wein hergestellt werde, und er sei schlecht für dieselben Organe, wenn man stattdessen das Heilgetränk mit Bier angesetzt habe. Zwei weitere Barajtot sorgten für Diskussionsbedarf. Sie widersprachen sich nämlich darin, ob man nach dem Trinken des

Spargelgebräus ausspucken sollte oder nicht. Hier beschied die Gemara, man solle unbedingt nach dem Trinken von Spargelwein ausspucken – selbst wenn man vor einem König stehe, wie Raw Aschi sagt. Denn offenbar war der Nachgeschmack nicht gerade angenehm. Aber das Spargelbier könne man getrost hinunterschlucken, ohne den letzten Rest mit dem Speichel auszuspucken. In jedem Fall wurde aber empfohlen, nach dem Trinken noch etwas feste Nahrung zu sich zu nehmen, am besten Gemüse der gleichen Art. Bei Spargelbier war dabei auch Brot erlaubt. Besonders lecker mag der Spargeltrank nicht gewesen sein. Denn der Talmud lehrt, man solle zwar unverdünnt einen ganzen Becher davon trinken, jedoch ohne abzusetzen, vermutlich wegen des gewöhnungsbedürftigen Geschmacks.

Bei aller Weisheit waren die Talmudgelehrten allerdings doch nicht ganz frei von einem gewissen Aberglauben. So bestanden sie darauf, dass man sich den Spargelbecher stets in die rechte Hand geben lassen solle und ihn dann zum Trinken in die linke Hand nehme. Außerdem dürfe man den leeren Becher nur derjenigen Person zurückgeben, die ihn zuvor gereicht habe, sonst könne man womöglich von Dämonen angegriffen werden. Unbestritten ist jedoch, dass unsere Weisen genaue Beobachter waren und bereits vieles über den gesundheitsfördernden Einfluss der Inhaltsstoffe des Spargels wussten, noch lange bevor deren exakte Zusammensetzung und genaue Wirkweise als solche überhaupt bekannt waren.

Brot vom Himmel: Wie Rabbi Chaninas Frau ein Wunder erlebte

Chajm Guski

Rabbi Chanina ben Dosa, ein Schüler von Jochanan ben Sakkai, dem Lehrer der Mischna, taucht mehrfach im Talmud auf. Stets ist von ihm als gutes Beispiel für sein vorbildliches Verhalten oder seine Wunder die Rede. Laut Talmud soll er sogar seinen Lehrer Jochanan ben Sakkai von einer Krankheit geheilt haben – nur durch ein Gebet. Ben Sakkai war davon überzeugt, dass niemand anderer ihn hätte retten können. Als Chanina sich an einer Zwiebel vergiftete und fast daran gestorben wäre, überlebte er nur, weil man für ihn betete und »die Zeit ihn brauchte«, wie es der Talmud formuliert. An anderer Stelle sagt Rabbi Jehuda im Namen von Raw: »Jeden Tag erklingt eine göttliche Stimme und spricht: Die ganze Welt wird erhalten durch meinen Sohn Chanina.« Vor diesem Hintergrund ist es bemerkenswert, dass seine Lehren nie zitiert und seine Rechtsentscheide nicht wiedergegeben werden. Von ihm ist nichts Halachisches überliefert. Er diente also mehr als Vorbild.

Doch dies garantierte leider nicht sein wirtschaftliches Auskommen. Es scheint, dass Rabbi Chanina sehr arm gewesen ist. Er musste mit einer kleinen Menge Johannisbrotschoten von Schabbat zu Schabbat auskommen, so berichtet der Talmud im Traktat Taanit 24b. Trotzdem heizte seine Frau an jedem Freitag den Ofen so stark an, dass man den vielen Rauch nicht übersehen konnte. Und weil es auch damals schon missgünstige Nachbarn gab, hatten die beiden »eine bestimmte böse Nachbarin«, so der Wortlaut des Talmuds. Die sagte: »Ich weiß doch, dass sie nichts haben!« Also ging sie hinüber zu ihnen und klopfte an die Tür. Weil dies der Frau von Rabbi Chanina peinlich war, versteckte sie sich in einem hinteren Raum des Hauses und öffnete nicht. Doch die Nachbarin trat dennoch ein und sah sich um. Aber dann, so erzählt der Talmud, geschah ein Wunder, und der Ofen war plötzlich gefüllt mit Brot und die Schüssel voller Teig. »Schnell, schnell, komm herbei und bring eine Backschaufel, sonst verbrennt das Brot!«, rief die Nachbarin. Da antwortete die Frau von Rabbi Chanina: »Ich komme! Ich bin nur wegen der Schaufel ins Innere des Hauses gelaufen.« Der Talmud relativiert das ein wenig und sagt, es sei gelehrt worden, dass sie tatsächlich für die Schaufel in einen anderen Raum gegangen sei. Sie sei einfach an Wunder gewöhnt gewesen, und deshalb sei es nichts Außergewöhnliches.

Aber wir erfahren mehr über das Ehepaar. »Wie lange noch müssen wir das ertragen?«, wird Rabbi Chanina von seiner Frau gefragt. Sie will die Armut nicht länger ertragen. Er antwortet nicht anders, als es viele Männer heute tun würden: »Was sollen wir denn machen?« Seine Frau weist ihn auf seine Kernkompetenz hin: »Bete um Barmherzigkeit, dass dir etwas gegeben wird!« Das tut Rabbi Chanina dann auch, und tatsächlich erscheint eine Handfläche vom Himmel und gibt ihm das »Bein eines goldenen Tisches« – etwas von Wert also. In der Nacht sah seine Frau im Traum, dass »in der Zukunft«, gemeint ist vermutlich die »zukünftige Welt«, die Gerechten an einem Tisch essen werden, der drei Beine hat – aber sie an einem Tisch sitzen wird, der nur zwei Beine hat. Sie erzählte ihrem Mann davon, und der antwortete: »Bist du damit zufrieden, dass jeder an einem vollständigen Tisch sitzen wird und du an einem kaputten?« Daraufhin antwortete sie: »Aber was sollen wir machen? Bete um Erbarmen, das Tischbein soll uns wieder genommen werden.« Das tat er, und es wurde wieder zurückgenommen. Der Talmud lehrt, dass dieses Wunder viel größer gewesen sei als das erste. Denn der Himmel gebe, aber nehme niemals zurück. Nur im Fall von Chanina ben Dosa, dessen Vorbild mehr wiegt als seine halachischen Entscheidungen.

Riesige Trauben: Frucht des Bodens

Netanel Olhoeft

»Die jetzige Welt ähnelt nicht der kommenden«, lesen wir im Talmud im Traktat Ketubbot 111a: »In dieser Welt leidet man beim Einbringen und beim Pressen der Trauben. In der kommenden Welt aber bringt man eine einzige Traube ein (die so groß ist), dass sie in einem Wagen oder Boot transportiert werden muss, legt diese in einen Winkel des Hauses und bezieht aus ihr Wein wie aus einem großen Fass.« Woher stammt diese spielerisch anmutende Idee von zukünftigen Riesenreben in der messianischen Zeit?

Als Mose im zweiten Jahr der Wüstenwanderung zwölf Kundschafter ins Land Israel schickte, um dem jüdischen Volk dessen natürlichen Reichtum vor Augen zu führen, gab er den ausgesandten Stammesfürsten eine besondere Aufgabe mit auf den Weg: »Seid stark und bringt auch von der Frucht des Landes mit.« Die losziehenden Männer stießen daraufhin in einem Tal hinter Hebron auf einen besonders üppigen Weinberg, dessen Reben so groß waren, dass sie von einem einzigen Menschen kaum gehoben werden konnten. Dort schnitten die Männer eine Rebe ab. Diese pralle, ins sandige Wüstenlager zurückgetragene Riesenrebe sollte für das dort wartende Volk zum Symbol der Üppigkeit des Landes Israel werden. Die übernatürlich anmutende Traubenfülle Kanaans, von der die Tora hier berichtet, hat ihre Ursache wiederum in einem noch früher zurückliegenden Ereignis. Jakob, der Stammvater der Israeliten, segnet seinen Sohn Jehuda, in dessen Gebiet später auch das Umland Hebrons liegen sollte, mit folgenden Worten: »Sein Eselfohlen wird er an Weinstöcke binden, das Junge seiner Eselstute an Rebholz. In Wein wird (Jehuda) sein Kleid waschen und seine Robe im Traubenblut.« Jehuda, der viertgeborene Sohn Leas, dem Jakob aufgrund der Vergehen der ersten drei Söhne die Herrschaft über seine Brüder überträgt, wird mit einer Fülle an irdischem, landwirtschaftlichem Wohlstand gesegnet.

Das Sinnbild dafür ist hier, eben wie bei Moses Kundschaftern, jedoch nicht ein Überfluss an Getreide, dem Grundnahrungsmittel der antiken Welt, sondern an Trauben. Warum ist das so? Nach der Tora war bei der ursprünglichen Erschaffung der Landlebewesen angedacht, dass sie sich ausschließlich von »Erdfrüchten« ernähren sollen, der aufrecht gehende Mensch dagegen auch von »Baumfrüchten«. Als sich aber die Menschen im Garten Eden an jener besonderen Baumfrucht vergingen, wurde ihnen als Strafe aufgetragen, die von nun an verfluchte Erde zur Nahrungsgewinnung zu bearbeiten. Die Erdfrucht schlechthin ist daher das Brot. Als aber die Zeit, in der die Erde verflucht war, mit der Sintflut zu einem Abschluss kam, ermöglichte es Gott dem Noach, der die Menschheit vom verfluchten Boden befreien sollte, erstmals einen Baum zu kultivieren, nämlich einen Weinstock.

Die diesem laut Midrasch kleinsten aller Bäume entspringende Traube ist daher das Zeichen dafür, dass einer der Flüche, den die Menschheit bei der Verbannung aus dem Paradies auf sich gezogen hatte, wieder aufgehoben ist. Somit ist die Traube auch ein Sinnbild des Gartens Eden. Daher überrascht es nicht, dass sich nach einer rabbinischen Meinung die Traube und ihr Wein hinter dem geheimnisvollen Begriff der verbotenen »Frucht des Erkennens des Guten und Bösen« verbergen sollen. Das Land Israel, das nach einer Überlieferung das Tor zum Garten Eden ist, zeichnete sich daher zur Zeit Moses durch besonders paradiesische Trauben aus. Und alle Wunder, die die Ära der ersten Erlösung zierten, werden nach unseren Weisen in der messianischen Epoche noch übertroffen werden.

Buhrufe im Tempel: Welches Fleisch ist besser – Ziege oder Lamm?

Chajm Guski

Die Weisen des Talmuds waren keine Freunde des Establishments und stellten andauernd das Judentum ihrer Zeit infrage. Doch in ihrer Unangepasstheit waren sie zugleich sehr darauf bedacht, die schriftliche und mündliche Tora ernst zu nehmen. Als zur Zeit des Zweiten Tempels die Nachfahren von Jehuda Makkabi an die Macht kamen, waren die Weisen über weite Strecken anderer Meinung als die Priester im Tempel. Im Traktat Pessachim 57a/b lesen wir davon, dass es viermal laute Rufe der Menschen auf dem Hof des Tempels gegeben habe. Das erste Mal richteten sie sich gegen die Söhne Elis. Dies waren Priester aus der Familie von Eli, dem Hohepriester. Seine Nachkommen scheinen keine Vorbilder gewesen zu sein. Es heißt, sie hätten das »Heiligtum beschmutzt«. Dementsprechend rief man ihnen zu: »Verschwindet!« So erzählt es jedenfalls der Talmud. Etwas genauer wird das Verhalten des Kohen Jissachar aus dem Dorf

Barkaj beschrieben. Jissachar hielt sich für etwas Besonderes und wollte den Tempeldienst nicht verrichten, ohne sich die Hände zu schützen. So hüllte er seine Hände, bevor er seinen Dienst antrat, in Seide. Er war sich einfach zu schade. Auch ihm rief man zu: »Verschwinde, Jissachar aus dem Dorf Barkaj!« Bei den anderen beiden Rufen sollte niemand verschwinden, sondern man forderte, die Tore für zwei besondere Menschen zu öffnen. Das klingt zunächst einmal freundlich, ist aber eine Kritik an denen, die bestimmen, wer Dienst tun soll oder darf. Einmal geschah das für Pinchas ben Piachi. Er gehörte offenbar einer Familie an, die man als »schlecht« betrachtete, war aber selbst ein Gerechter. Und das andere Mal geschah es für Jochanan ben Narbaj. Dort rief man: »Er soll sich den Bauch vollschlagen.« Er galt als so gerecht, dass er vom Opferfleisch essen durfte. Der Talmud erklärt, er habe dafür gesorgt, dass kein Fleisch verschwendet wurde, denn er und seine Familie verputzten alles restlos. »Er verzehrte 300 Kälber, trank 300 Krüge Wein und aß zum Nachtisch 40 Tauben.« Ein gesunder Hunger also.

Auch Jissachar aus dem Dorf Barkaj kannte sich mit Fleisch aus. Denn einige Zeilen später erzählt der Talmud sein Schicksal. Ein König und eine Königin hatten beieinandergesessen und darüber diskutiert, welches Fleisch wohl besser sei: Ziegen- oder Lammfleisch. Der König sagte Ziegenfleisch, die Königin hingegen Lammfleisch. Sie kamen zu keinem Schluss und fragten sich, wer ihnen weiterhelfen könnte. Da der Kohen Jissachar beständig Opfer darbrachte und deshalb vom Fleisch der Opfer essen durfte, erschien er ihnen als beste Wahl. Also ließen sie nach ihm rufen und fragten ihn. »Wenn Ziegenfleisch besser wäre, würde es wohl geopfert werden«, sagte er. Keine diplomatische Antwort. Der König war nicht zufrieden. Der Talmud schildert, dass der König anordnete, Jissachar die rechte Hand abzuhacken. Jissachar, der so auf seinen Körper bedacht war, bestach denjenigen, der ihm die

Hand abhacken sollte. Er solle ihm doch lieber die Linke entfernen. Das tat er auch. Aber als es der König erfuhr, ließ er ihm auch die verbliebene Hand abtrennen. So hatte der empfindliche Jissachar gar keine Hände mehr.

Hier könnte die Geschichte tragisch enden. Für Jissachar tat sie das auch. Aber für die Weisen war es wichtig, ihren Punkt zu unterstreichen. So sprach Raw Aschi: »Wenn Jissachar die Mischna gelernt hätte, hätte er gewusst, dass Lämmer und Ziegen als gleichwertig anzusehen sind.« Rawina fügt hinzu, dass Jissachar das gewusst hätte, wenn er nur die Tora gelernt hätte. So sagen die Unangepassten also: Derjenige, der im Tempel arbeitet, hätte es besser wissen müssen. Sein Wissen hätte ihm geholfen, seine Stellung allein jedoch nicht.

GESUNDHEIT

Händewaschen als Gebot: In den jüdischen Quellen gibt es klare Anweisungen zur Körperhygiene

Jehoschua Ahrens

Das jüdische Volk hat immer wieder Seuchen und Epidemien überstanden, manchmal besser als andere Bevölkerungsgruppen. Deshalb gab es antisemitische Verschwörungstheorien wie die angebliche Brunnenvergiftung zur Zeit der Pest. Teilweise lässt sich das mit einer positiven Einstellung zur Medizin erklären, teilweise auch damit, dass wir die Anweisungen der staatlichen Autoritäten grundsätzlich befolgen (wegen des Grundsatzes Dina deMalchuta Dina). Im 19. Jahrhundert beispielsweise, während eines Cholera-Ausbruchs, mahnte Rabbiner Akiwa Eiger, auf die Ärzte und Behörden zu hören. Der wichtigste Grund ist wohl aber die klare Anweisung zur Körperhygiene, die sich ausführlich im Talmud findet.

Körper und Geist gehören im Judentum untrennbar zusammen: Das zeigt sich in einem Gespräch zwischen Rabbi Jehuda HaNassi und seinem Freund Antonius, das uns der Talmud (Sanhedrin 91a und b) überliefert: »Antonius sprach zu Rabbi: ›Körper und Seele können sich ja beide von der Strafe befreien, indem der Körper sagen kann, die Seele habe gesündigt, denn seitdem sie von ihm fort ist, liegt er ja wie ein Stein im Grab. Und die Seele kann sagen, der Körper habe gesündigt, denn seit sie von ihm fort ist, schwebt sie ja wie ein Vogel in der Luft umher.‹« Rabbi Jehuda HaNassi antwortete Antonius mit einem Gleichnis: »Einst hatte ein König schöne Früchte in seinem Obstgarten, in dem er zwei Wächter angestellt hatte, einen lahmen und einen blinden. Da sprach der Lahme zum Blinden: ›Ich sehe da die ersten Früchte. Lass mich auf deine Schultern steigen! Wir holen sie uns und essen sie.‹ Da setzte sich der Lahme auf den Blinden, und sie holten sich die Früchte und aßen sie.« »Nach ein paar Tagen kam der König und fragte, wo denn die schönen Früchte seien. Der Lahme sagte: ›Habe ich Füße, um gehen zu können?‹ Der Blinde erwiderte: ›Habe ich Augen, um sehen zu können?‹ Was tat der König? Er setzte den Lahmen auf den Blinden und bestrafte sie wie einen. Ebenso verfährt auch der Heilige, gepriesen sei Er: Er holt die Seele und bringt sie in den Körper, sodann bestraft Er sie wie einen.«

Dieser Text zeigt wunderbar das Konzept der Einheit von Körper und Seele im Judentum. Beide bedingen einander: Eine schlechte Seele wird dem Körper schaden, und ein kranker Körper kann nicht das wirksame Instrument sein, durch das eine reine Seele agieren kann. Daher erklärt der Talmud an anderer Stelle, dass die physische Reinlichkeit zur spirituellen Reinheit führt. Dementsprechend sind Sauberkeit und Gesundheit ein hohes Gut. Wir dürfen nur in einer Stadt wohnen, die über sanitäre Einrichtungen sowie ein Badehaus und einen Arzt verfügt. Bevor wir morgens die

Tefillin legen, das Schma Jisrael sagen und beten, müssen wir die Morgentoilette verrichten und uns die Hände waschen.

Für Rabbi Hillel ist die regelmäßige Körperpflege eine wichtige Pflicht, da der Körper von Gott erschaffen wurde. Ein Midrasch beschreibt, wie Hillel von seinen Schülern gefragt werde, was er mache, und er antwortete, dass er eine Mizwa erfüllen gehe, nämlich das Badehaus besuche. Seine Schüler fragen verwundert, ob das wirklich eine religiöse Pflicht sei. Da antwortet er ihnen: »Ja. Wenn demjenigen, der über die Bildnisse in den Palästen der Könige eingesetzt ist, um sie zu entstauben und zu polieren, alljährlich ein Gehalt angewiesen wird (…) – um wie viel mehr dann wir, die wir im (göttlichen) Ebenbild und in (göttlicher) Form erschaffen sind, wie es heißt: ›Im Ebenbild Gottes erschuf Er den Menschen‹.«

Ähnlich argumentiert auch der Talmud: »Der Mensch wasche sich täglich Gesicht, Hände und Füße zu Ehren seines Schöpfers, denn es heißt: ›Alles hat der Herr ihm zu Ehren erschaffen‹ (Kohelet 16,4).« Wenn jemand das Händewaschen vor einer Mahlzeit permanent unterlässt, soll man ihn sogar mit einem Bann belegen.

Von falschen Zähnen: Schon unsere Weisen machten sich über Mundkosmetik Gedanken

Yael Deusel

Zahnschmerzen und Zahnfleischprobleme beschreibt der Talmud an unterschiedlichen Stellen, nicht nur auf den Menschen beschränkt, sondern sogar bei Tieren. Was aber doch dem Menschen vorbehalten bleibt, das ist der Zahnersatz. Und auch dieses Thema wird im Talmud behandelt, lange vor den heutigen Möglichkeiten der Zahnprothetik. Es war unseren Weisen bewusst, dass Zähne nicht nur eine ästhetische Bedeutung haben, sondern auch eine lebenswichtige Funktion. So ist im Talmud dargelegt, dass durch das Fehlen von Zähnen die Nahrungsaufnahme erschwert wird. Um dem entgegenzuwirken und auch um aus kosmetischen Gründen unschöne Zahnlücken zu schließen, bediente man sich bereits in talmudischer Zeit eines Zahnersatzes, *Schen totevet* genannt, wörtlich »herausnehmbarer Zahn«. Wer es sich leisten konnte, verwendete falsche Zähne aus Elfenbein oder Edelmetall. Archäologische Funde zeigen, dass sogar schon Vorläufer von Zahnbrücken in Gebrauch waren, Metallschienen, in die auch mehrere solcher Zähne eingesetzt werden konnten, im Fall von größeren Zahnlücken. Allerdings waren wohl auch schon zur damaligen Zeit die Form und Qualität des Zahnersatzes eine Frage des Geldes. Falsche Zähne aus Tierknochen verloren ihre Färbung und mussten aus ästhetischen Gründen häufig erneuert werden. Ganz Unbegüterte verwendeten sogar Holzstückchen, was der Kosmetik sicherlich abträglich war, selbst wenn damit zumindest vorübergehend eine gewisse Funktion erreicht werden konnte.

Einen minderwertigen Zahnersatz hatte offenbar auch jenes Mädchen, dem der mitleidige Rabbi Jischmael einen Goldzahn von seinem eigenen Geld bezahlte, wie der Talmud in Traktat Nedarim 66b berichtet, weil sie so entstellt war durch den hässlichen falschen Zahn, den sie zuvor hatte. So wurde das Mädchen attraktiver. Rabbi Jischmael befand nämlich: »Die Töchter Israels sind schön, nur die Armut verunstaltet sie.« Und als er starb, betrauerte man ihn mit den Worten: »Weint um Rabbi Jischmael, Töchter Israels, der euch kleidete.«

Neben Zähnen aus Gold waren auch welche aus Silber im Gebrauch, wobei Letztere als weniger kleidsam galten, wohingegen ein Goldzahn als ein Schmuckstück betrachtet wurde. Aber auch ein solcher wertvoller *Schen totevet* war, wie der Name sagt, herausnehmbar. Und wie jegliche Zahnprothetik konnte auch ein Goldzahn zur Unzeit herausfallen. Der Talmud diskutiert daher die Frage, ob es einer Frau erlaubt sei, am Schabbat mit einem Zahnersatz aus dem Haus zu gehen, insbesondere wenn dieser aus Gold sei. Bei einem falschen Zahn aus weniger wertvollem Material, auch einem aus Silber, waren sich unsere Weisen allerdings einig, dass dies gestattet sei. Die Mischna besagt nun, dass alles, was eine Frau in ihrem Mund trägt, am Schabbat erlaubt sei. Daher entschied Rabbi Meir, dass darunter auch der goldene Zahn falle. Andere widersprachen ihm, mit dem interessanten Argument, der teure Zahn könnte herausfallen, dann würde die Frau ihn gewiss aufheben und in der Hand tragen – was am Schabbat verboten sei. Oder die Frau könnte den schönen Zahn sogar absichtlich herausnehmen, um ihn herumzuzeigen. Als Gegenargument wurde jedoch angeführt, dass die Frau damit gleichzeitig auch ihre unschöne Zahnlücke präsentieren würde, was die Sache eher unwahrscheinlich mache. Und so wurde entschieden, dass das Ausgehen mit einem solchen Zahn auch am Schabbat gestattet sei. Über Männer mit Zahnersatz wird an dieser Stelle von unseren Weisen kein Wort verloren. Jedoch ist im Umkehrschluss davon auszugehen, dass diese Entscheidung wohl auch für einen goldenen *Schen totevet* im Munde eitler Männer galt.

Von jüdischen Ärzten: Was Rabbi Jochanan über Mediziner, das Leben und den Tod meinte

Stephan Probst

Der Talmud überliefert im Traktat Awoda Sara 27b die eigentümliche Diskussion über Rabbi Jochanans Meinung, wonach man »einen Kranken ausschließlich von jüdischen Ärzten behandeln lassen darf, solange unklar ist, ob er überleben oder sterben wird. Wenn sicher ist, dass er sterben muss, darf man ihn auch von nichtjüdischen Ärzten behandeln lassen.« Die Begründung hierfür ist nicht, dass jüdische Ärzte qualifizierter seien als nichtjüdische, sondern dass jüdische Ärzte die Halacha befolgen. Sie wissen, das Leben stellt im Judentum einen geradezu absoluten Wert dar, und sie als Ärzte müssen alles tun, um das Leben zu erhalten. Die Halacha relativiert sich schließlich selbst zugunsten des Lebens, und alle Verbote (außer den Verboten von Mord, Götzendienst und moralisch verwerflichen sexuellen Handlungen) dürfen oder müssen übertreten werden, wenn ihre starre Befolgung das Leben gefährdet.

Auch ein Leben von kurzer Dauer und mit Einschränkungen gilt Juden als heiliges Geschenk des Schöpfers. Daher wird in der zitierten talmudischen Diskussion folgerichtig eingewandt: »Selbst wenn er sicher sterben muss, wird er doch noch eine beschränkte Zeit leben!?« Die überraschende Antwort auf die Zweifel lautet: »Das Leben einer beschränkten Zeit (*Chaje Scha'a*) wird hier nicht berücksichtigt.« Steht also medizinisch zweifelsfrei fest, dass ein Kranker sterben muss und es keine Rettung gibt, darf er auch von einem Arzt behandelt werden, der das Leben nicht als Geschenk des

Schöpfers versteht. Der nichtjüdische Arzt wird nicht versuchen, um jeden Preis Leben retten zu wollen. Für ihn mag die Lebensqualität seiner Patienten wichtiger sein als ihre bloße Lebenszeit. Er könnte sich sogar ganz bewusst gegen lebensverlängernde Maßnahmen entscheiden und unter Umständen den Eintritt des Todes absichtlich beschleunigen.

Die Ergebnisse einer Umfrage unter Ärzten in Deutschland, die 2015 in der ›Deutschen Medizinischen Wochenschrift‹ veröffentlicht wurden, bestätigen, dass genau dies im medizinischen Alltag vorkommt. Von 700 befragten Ärzten gab die Hälfte an, beim letzten von ihnen begleiteten Sterbefall bewusst bestimmte medizinische Maßnahmen abgebrochen oder gar nicht erst begonnen zu haben, damit Kranke schneller den erlösenden Tod finden können. Zehn Prozent gaben sogar an, Medikamente zur Schmerzlinderung absichtlich so hoch dosiert zu haben, dass es den Sterbeprozess beschleunigt. Juristisch und halachisch ist dies problematisch, handelt es sich doch um eine versteckte Form von Sterbehilfe, also um eine Tötung. Aber handeln Ärzte – ganz egal, ob jüdische oder nichtjüdische – falsch, wenn sie sich in derartigen Fällen mehr an der Lebensqualität der Kranken als an der Pflicht, Leben zu retten, orientieren?

Wenn die Medizin einem unheilbar Kranken nur noch kurze Lebensverlängerung (*Chaje Scha'a*) ermöglichen kann und er sich den erlösenden Tod wünscht, muss er mit großer Verzweiflung bei seiner Familie rechnen und darauf gefasst sein, von allen Seiten zur religiösen Verpflichtung zu leben ermahnt zu werden. Der Begriff des »Lebens einer beschränkten Zeit« (*Chaje Scha'a*) hilft in der halachischen Bewertung eines solchen Falles. Die Tosafisten schlussfolgern, dass man die scheinbar widersprüchlichen Anweisungen zur Behandlung einer unumkehrbar und in kurzer Zeit tödlich endenden Erkrankung so verstehen soll, dass die Halacha mit einer barmherzigen Flexibilität ausgelegt werden darf. Das heißt, man soll sich auf den Kranken einlassen und zu seinem Wohl entscheiden. Im Einzelfall wird man akzeptieren müssen, dass sein Wohl eben nicht das Weiterleben, sondern der Tod sein mag. Ein unheilbar Kranker darf einen aussichtslosen Kampf beenden und medizinische Maßnahmen, vielleicht sogar das Essen und Trinken ablehnen. Es gibt eine Zeit zum Leben und eine Zeit zum Sterben.

Vom Umgang mit Demenz: Wie Raw Assi seine senile Mutter verließ

Yizhak Ahren

Im Talmud treten zwei Gelehrte auf, die beide Raw Assi heißen. Man sollte sie nicht miteinander verwechseln. Der eine lebte in Babylonien, der andere im Land Israel. Doch stammte auch Letzterer ursprünglich aus Babylonien. Warum übersiedelte er? In der ›Encyclopaedia Judaica‹ steht, dass er wegen eines Missverständnisses mit seiner Mutter nach Israel auswanderte. Ist diese Erklärung richtig? Betrachten wir die angegebene Quelle im Talmud Traktat Kidduschin 31b: »Raw Assi hatte eine alte Mutter. Einst sagte sie zu ihm, sie wolle Schmuck – da fertigte er ihr welchen. Dann sagte sie: ›Ich möchte einen Mann haben‹ – wir wollen einen suchen. ›Ich möchte einen Mann haben, der so schön ist wie du.‹ Da verließ er sie und ging nach Eretz Israel.« Anscheinend ist Raw Assi vor seiner Mutter geflohen. Sie stellte Forderungen an ihn, die er glaubte, nicht erfüllen zu können. Wir dürfen annehmen, dass er die Alte für senil hielt.

Maimonides, der Rambam, schreibt, dass ein Kind, das die Verrücktheit des Vaters oder der Mutter nicht länger ertragen könne, weggehen dürfe. Doch müsse es dafür sorgen, dass andere die Eltern in angemessener Weise betreuen. Als Quelle für diese Entscheidung nennt Rabbiner Josef Karo die Geschichte von Raw Assi. Die genannte Meinung von Maimonides ist unter Halachisten jedoch nicht unumstritten. Schon Rabbi Awraham ben David, bekannt auch als Raawed, hat die Entscheidung von Maimonides kritisiert. Aber diese religionsgesetzliche Kontroverse soll uns hier nicht weiter beschäftigen. Wie hat Raw Assis Mutter auf die Trennung von ihrem Sohn reagiert? Wir wissen es, denn der Talmud erzählt uns, wie die Geschichte weiterging: »Als Raw Assi hörte, dass die Mutter ihm nachfolgte, ging er zu Rabbi Jochanan und fragte ihn, ob man von Erez Israel ins Ausland auswandern dürfe. Dieser erwiderte, es sei verboten. ›Wie ist es zum Empfange einer Mutter?‹ Da erwiderte Rabbi Jochanan etwas zögerlich: ›Ich weiß es nicht.‹ Als Raw Assi wiederum zu ihm kam, sprach Rabbi Jochanan: ›Assi, du bist nun entschlossen, fortzugehen. Bringe Gott dich in Frieden zurück.‹ Hierauf ging Raw Assi zu Rabbi Elieser und sagte: ›Er (Rabbi Jochanan) ist – behüte und bewahre – vielleicht böse.‹ Rabbi Elieser fragte: ›Was sagte er zu dir?‹ Raw Assi erwiderte: ›Gott bringe dich in Frieden zurück.‹ Da entgegnete Rabbi Elieser: ›Wäre er böse, hätte er dich nicht gesegnet.‹ Da hörte Raw Assi, dass ihr Sarg kommt und sprach: ›Hätte ich das geahnt, wäre ich nicht weggegangen.‹«

Die alte Mutter ist auf dem Weg zu ihrem Sohn gestorben, und Raw Assi hat am Ende seinen Weggang bereut. Ihn plagten Schuldgefühle. Diese kamen möglicherweise schon im Dialog mit Rabbi Elieser zum Vorschein. Die Befürchtung, Rabbi Jochanan sei auf ihn böse, beruht vermutlich auf einem Vorgang, den Psychoanalytiker eine Projektion nennen: Seine eigenen Gefühle schrieb der reumütige Sohn Rabbi Jochanan zu. Rabbi Elieser gelang es, Raw Assi die richtige Interpretation der Worte des Meisters deutlich zu machen. Die Tora verlangt nachdrücklich die Ehrung von Vater und Mutter (2. Buch Mose 20,12 und 5. Buch Mose 5,16). Die Geschichte von Raw Assi führt uns vor Augen, in welche Zwickmühle man, wenn Senilität sich bemerkbar macht, bei der Erfüllung dieses Gebotes geraten kann. Viele Menschen mit an Demenz leidenden Eltern machen solch schmerzliche Erfahrungen.

Die Schechina am Krankenbett: Über die heilsame Wirkung von Krankenbesuchen

Stephan Probst

Es trug sich gemäß Talmud Traktat Nedarim 40a zu, dass einer der Schüler Rabbi Akiwas erkrankte, und keiner der Weisen besuchte ihn. Da ging Rabbi Akiwa zu ihm, und weil der Kranke Zuwendung erfuhr, wurde er gesund und dankte Rabbi Akiwa, dass dieser ihm das Leben gerettet habe. Hierauf ging Rabbi Akiwa hinaus und trug vor: »Wer den Kranken besucht, verursacht, dass er lebe; und wer den Kranken nicht besucht, verursacht, dass er sterbe.« Kranke Menschen brauchen ein verstehendes Gegenüber, vor allem dann, wenn sie lernen müssen, dass auch ein Leben mit Krankheit wertvoll bleibt und dass sie in ihrem Leben Dinge hinnehmen müssen, die sie nicht selbst gewählt haben. Ein verstehendes Gegenüber hat heilende Kräfte. Aber damit ist nicht immer ein Begriff von Heilung gemeint, der sich als Wiederherstellen körperlich-funktioneller Intaktheit versteht. Es kann auch heilsam sein, einem Kranken dabei zu helfen, sich in ein gutes Verhältnis zu seinem Kranksein zu setzen und ihn dabei zu unterstützen, in sich selbst Ressourcen zu entdecken, die helfen, das Unabänderliche besser zu ertragen. Der Kranke als bester Experte seines eigenen Lebens muss behutsam dahin geführt werden, diese inneren Reserven und Kraftquellen zu finden und zu erkennen, was ihm wirklich hilft. Das bedeutet letztlich, dass Kranke durch eine empathische Begleitung überhaupt erst zur Wahrung ihrer Selbstbestimmung befähigt werden. Indem diese Begleitung ohne vorgefasste Meinungen oder feststehende Antworten geschieht und sich ganz und gar auf den Kranken einlässt, ist tatsächlich die authentische Autonomie gewahrt. Die Empathie ist weniger Mittel zum Ziel als bereits selbst das Ziel.

Im Talmud Traktat Schabbat 12b finden wir eine wunderbare Anleitung für die Begegnung mit Kranken, die ganz und gar in dieser Grundhaltung der empathischen Begleitung und des verstehenden Gegenübers geschieht: »Wer einen Kranken besucht, setze sich weder erhöht auf dessen Bett oder einen Stuhl, sondern er hülle sich ein und setze sich dem Kranken auf Augenhöhe gegenüber, denn die Schechina, die Präsenz des Göttlichen, befindet sich über der Kopfseite des Kranken.« Wenn sich der Arzt in der Begegnung mit dem Kranken mit ihm auf Augenhöhe begibt (sowohl im wörtlichen als auch im übertragenen Sinne), seine Gegenwart also mit allen schmerzlichen und positiven Seiten sieht und sich auf ihn als einzigartige Persönlichkeit einlässt, ist er zu einer tiefen Begegnung fähig. Diese macht beide offener und ermöglicht ihnen Momente, in denen sie die Schechina (die »göttliche Präsenz«, das »Transzendente« oder das »Spirituelle«) erfahren.

Man muss an Martin Bubers dialogische Philosophie in ›Ich und Du‹ denken, die sich auf seine, wie er selbst einmal formulierte, »urjüdische« Glaubenserfahrung bezog. Nach Buber ist die unmittelbare Begegnung mit einem Menschen stets auch eine Begegnung mit dem Göttlichen. Dabei mindere alles Mittelbare die Beziehungskraft, weshalb man die vorgefassten Meinungen und mitgebrachten Antworten »einhüllen« müsse. In der Begegnung mit einem anderen Menschen und gerade in der Begegnung mit kranken, fragilen und hilfsbedürftigen Menschen offenbare sich das Göttliche. Ärzte und Pflegende müssten sich dazu aber in Demut, Aufrichtigkeit und wirklicher Empathie öffnen und dürften den anderen nicht als Objekt wahrnehmen. Buber sagt weiter, dass jeder, der sich dieser spirituellen Dimension öffne, direkte Antworten auf seine existenziellen Fragen erhalte. Umgekehrt und in anderen Worten, nämlich denen von Rabbiner Mosche Feinstein sel. A., der als anerkannte Autorität in jüdischer Medizinethik gilt, bedeutet dies: In schwierigen Fragen am Lebensende und in Fällen, in denen es schwerfällt, die richtigen Entscheidungen zu treffen, äußert sich der göttliche Wille in den Wünschen des Kranken. Auf sie soll man sich einlassen, sie verstehen und auf sie hören.

GELD UND FINANZEN

Heimlich spenden: Wie Mar Ukwa versuchte, einen Armen nicht zu beschämen

Yizhak Ahren

Zedaka, die finanzielle Unterstützung von Armen, ist ein derart wichtiges Gebot, dass es im Talmud im Traktat Baba Batra 10a heißt: »Rabbi Jehoschua ben Korcha sagte: Wenn jemand seine Augen von der *Zedaka* abwendet, dann ist es so, als hätte er Götzendienst getrieben.« Nicht nur der Empfänger des Geldes profitiert von *Zedaka,* auch der Spender wird belohnt. Aus dem Tanach wissen wir: »*Zedaka* rettet vor dem Tod.« Den merkwürdigen Zusammenhang zwischen Wohltätigkeit und Lebensrettung illustriert folgende Begebenheit etwas weiter im Talmud: »Man erzählt von Benjamin dem Gerechten, der die Armenkasse leitete, dass einmal in den Jahren der Hungersnot eine Frau zu ihm kam und sprach:

›Meister, gib mir Nahrung!‹ Er sagte ihr: Die Armenkasse ist leer.‹ Da sprach sie: ›Wenn du mir keine Nahrung gibst, dann stirbt eine Frau mit ihren sieben Kindern.‹ Da gab er ihr Nahrung aus seiner Tasche. Als er bald darauf erkrankte und dem Tod nahe war, sprachen die Dienstengel vor Gott: ›Herr der Welt, soll Benjamin, der Gerechte, der eine Frau mit ihren sieben Kindern am Leben erhalten hat, nach wenigen Jahren sterben?‹ Darauf zerriss man sofort seinen Gerichtsbeschluss. Es wird gelehrt: Man fügte ihm noch 22 Jahre zu seinen Lebensjahren hinzu.«

Äußerst wichtig ist beim Austeilen von *Zedaka* die Form der Geldübergabe. Stets ist die Würde des Armen zu berücksichtigen. Im Talmud lesen wir an anderer Stelle: »Einst sah Rabbi Jannai, wie jemand einem Armen öffentlich einen Sus gab. Da sprach er zu ihm: ›Lieber solltest du ihm nichts geben als geben und ihn bei dieser Gelegenheit beschämen‹.« Doch wie kann ein Spender sicherstellen, dass der Bedürftige sich bei der Transaktion nicht schämt? Indem er dafür sorgt, dass der Arme nicht erfährt, von wem das Geschenk stammt, wie Maimonides erklärt. Wie weit der babylonische Amoräer Mar Ukwa zu gehen bereit war, um eine Beschämung zu verhindern, ist im Talmud überliefert: »Mar Ukwa pflegte einem Armen, der in seiner Nachbarschaft wohnte, täglich vier Sus vor die Tür zu legen. Eines Tages wollte der arme Mann wissen, wer ihm regelmäßig Münzen schenkt. Gerade an jenem Tag hatte sich Mar Ukwa im Lehrhaus länger aufgehalten, und seine Frau holte ihn ab. Als der arme Mann an seiner Tür ein Geräusch hörte, folgte er seinen Wohltätern. Das Paar lief und versteckte sich in einem Ofen, der trotz des weggeräumten Brennmaterials noch sehr warm war.« Der Talmud wird später klären, warum die zwei in den Ofen flohen, aber zuerst wird berichtet, was sich im heißen Raum ereignete. »Als Mar Ukwa sich die Füße verbrannte, riet ihm seine Frau: Setz deine Füße doch auf meine! Da grämte er sich (weil ein Wunder ihr geschah und nicht ihm). Seine

Frau erklärte ihm den Grund für ihre Bevorzugung: Ich bin stets zu Hause und kann den Armen etwas (Gekochtes oder Gebackenes) geben, das sie sofort genießen können.« Aus dieser Passage leitete der Prager Rabbiner Jeschajahu HaLevi Horowitz in seinem klassischen Werk ›Schne Luchot HaBrit‹ die geradezu feministische These ab, dass die *Zedaka* der Frauen Gott wohlgefälliger sei als die Zedaka der Männer – denn die Hausfrauen ersparen dem Armen eine gewisse Mühe (für Geld etwas einzukaufen).

Kehren wir zum talmudischen Text zurück, der wissen will, warum sich Mar Ukwa und seine Frau im Ofen versteckten. Des Rätsels Lösung lautet: »Lieber lasse sich ein Mensch in einen Schmelzofen werfen, als dass er das Gesicht seines Nächsten öffentlich beschämt.« Das Ehepaar wollte unbedingt verhindern, dass der Arme erfährt, wer ihm täglich vier Sus schenkt. Denn hätte der arme Mann gewusst, wer der großzügige Spender ist, dann wäre ihm jede Begegnung mit Mar Ukwa, der in seiner Nachbarschaft lebte, unangenehm gewesen.

Später Lohn: Von einem Zadik aus Galiläa und dem Urteil über andere

Noemi Berger

Der Talmud erzählt im Traktat Schabbat 127b von einem armen Mann, der in einem Dorf im Norden Galiläas lebte. Jeden Tag ging er hinaus und suchte Arbeit, um seine Familie zu ernähren. Aber er hatte keinen Erfolg und auch keinerlei Aussicht, Arbeit zu finden. Da hörte er, dass ein reicher Mann in Südgaliläa einen Arbeiter sucht. Sofort machte er sich auf den Weg dahin. Als er ankam, brachte man ihn zum Meister, der ihn für den Zeitraum von drei Jahren anstellte. Am Ende der drei Jahre war es an der Zeit zu gehen, und er bat seinen Herrn um den ihm zustehenden Lohn. »Es tut mir leid, ich habe kein Geld«, sagte sein Dienstherr. »Dann gib mir doch wenigstens Getreide entsprechend meinem Lohn«, sagte der Arbeiter. »Ich habe auch kein Getreide«, antwortete der Herr. Da bat der arme Mann um Vieh, dann um Land, um Wein, um einen Anteil an einem Weinberg und zuletzt um Obst. Doch der Arbeitgeber lehnte jede seiner Bitten ab: »Ich habe es nicht.«

Niedergeschlagen, enttäuscht und traurig packte der arme Arbeiter seine Siebensachen in eine Tasche und machte sich auf den Weg zu seiner Familie in das kleine Dorf in Nordgaliläa. Kurze Zeit, nachdem der Mann gegangen war, nahm sein Dienstherr drei Esel und belud sie mit köstlichen Speisen, mit den feinsten Likören, wohlduftenden Gewürzen, eleganten Kleidern und packte obendrein einen Beutel mit dem Lohn für drei Jahre Arbeit ein, die dem Mann zustanden. Der Herr verabschiedete sich von seiner Frau und machte sich auf die Reise in den Norden. Als er ankam, fand er eine baufällige Hütte vor, in der sein ehemaliger Arbeiter mit dessen Familie wohnte. Der Dienstherr wurde von seinem früheren Angestellten freundlich begrüßt, ins Haus gebeten und, so gut es ging, mit ein wenig Brot und Käse bewirtet. Nachdem sie zusammen gegessen hatten, fragte der einstige Arbeitgeber: »Was hast du gedacht, als ich dir sagte, ich hätte kein Geld, um dir deinen Lohn zu bezahlen?« »Ich dachte«, antwortete der Arbeiter, »dass du vielleicht ein Geschäft abgeschlossen und all dein Geld, auch das, welches du mir schuldest und sicherlich schon vorbereitet hattest, dafür ausgegeben hast.« »Und als ich dir sagte, ich hätte kein Land?« »Da dachte ich, du hättest es an jemanden verkauft, bei dem du Schulden hattest und der einen größeren

Anspruch darauf hatte als ich.« Der Dienstherr fragte weiter: »Und als ich dir sagte, ich hätte keine Früchte – was hast du da gedacht?« »Ich dachte, du hättest vielleicht noch nicht die Zehntelabgabe für den Tempel entrichtet und bräuchtest das Geld dafür.« »Aber was hast du gedacht, als ich dir sagte, ich hätte weder einen Weinberg noch Wein?« »Ich dachte, vielleicht hast du alle deine Besitztümer dem Heiligen Tempel gespendet und warst daher nicht imstande, meine Bitte um den Lohn zu erfüllen.«

»Ah«, antwortete der Arbeitgeber, »du bist wahrlich ein frommer Mann, ein *Zadik*. Unser Talmud sagt: ›Beurteile alle Menschen wohlwollend und positiv und halte dich treu an diese gute Lehre.‹ Siehe, ich habe diesen Geldbeutel voller Gold mitgebracht. Er enthält deinen Lohn. Ebenso habe ich als zusätzliche Belohnung und Anerkennung drei Esel mitgebracht, die mit Speisen, Wein, Gewürzen und Kleidung beladen sind. Das alles gehört dir. Du hast mich treu und wohlwollend beurteilt. Und was dich betrifft, so mögest du sowohl von dem Allmächtigen als auch von allen Menschen genauso wohlwollend beurteilt werden.«

Rabbi Safras Weingeschäft: Über die Aufrichtigkeit in finanziellen Dingen

Diana Kaplan

In Psalm 15 lehrt uns König David: »Gott, wer darf weilen in Deinem Zelt, wer auf dem Berg Deines Heiligtumes wohnen? Wer in sittlicher Ganzheit wandelt und das Gerechte übt und Wahrheit spricht mit seinem Herzen.« Der Talmud greift dieses Thema im Traktat Makkot 24a auf und erklärt, dass die Antwort drei große Persönlichkeiten aus der jüdischen Geschichte beschreibt. Im ersten Fall ist von einem Menschen wie unserem Vorvater Abraham die Rede, über den geschrieben steht: »Geh vor mir und sei ganz!« Mit dem, der das Gerechte übt, ist ein Mensch wie Abba Hilkijahu gemeint, der so ein gewissenhafter Arbeiter war, dass er nicht einmal seine Arbeit unterbrach, um andere Menschen zu grüßen. Und die dritte Zuschreibung bezieht sich auf einen Menschen, der so gerecht ist wie Raw Safra. An dieser Stelle erzählt der Talmud seine Geschichte.

Eines Tages saß Raw Safra in seinem Haus und sagte das *Schma Jisrael*. Ausgerechnet da kam ein Besucher, der ihm Wein abkaufen wollte. Der Besucher sprach zu Raw Safra und nannte einen Preis. Da es nicht erlaubt ist, das Schma zu unterbrechen, konnte Raw Safra nicht sofort auf das Angebot eingehen. Der Mann deutete die ausgebliebene Antwort als ein »Nein« und erhöhte sein Gebot. Wieder erhielt er nur Stille als Antwort. Dies wiederholte sich einige Male, sodass am Ende ein viel höherer Preis im Raum stand, als ursprünglich genannt. Als Raw Safra fertig war mit dem Schma, wandte er sich an den Besucher und erklärte, er sei bereit, den Wein zum erstgenannten Preis zu verkaufen. Er wollte die Lage nicht zu seinen Gunsten ausnutzen, denn er war schon mit dem ersten Angebot einverstanden gewesen und konnte es nur nicht sagen. Raw Safra ging in seinem beispielhaften Verhalten weiter, als die Tora es von ihm verlangt. Denn seine Entscheidung beruhte allein darauf, dass er sie in seinen Gedanken traf. Er erachtete sie als bindend, ohne sie ausgesprochen zu haben, und fand es nicht richtig, sie zu revidieren und das höhere Gebot zu akzeptieren. Rabbiner David Golinkin schreibt zu diesem Thema, dass Achai Gaon (Scheiltot) sogar dafür plädierte, Raw Safras Handeln zur halachischen Norm für alle Juden zu machen. Zwar floss diese Entscheidung später nicht in die praktische Halacha mit ein; doch das Konzept, mehr zu tun, als von einem verlangt wird (Hebräisch: *lifnim mischurat hadin*), ist bis heute aktuell.

Die Halacha befasst sich nicht ohne Grund so oft mit dem Thema der Aufrichtigkeit in Geld- und Geschäftsfragen. Schon im Talmud steht geschrieben, dass der wahre Charakter eines Menschen daran erkennbar sei, wie er sich in finanziellen Fragen verhalte. *Kiddusch Haschem* bedeutet wörtlich »Heiligung des göttlichen Namens«. Das bedeutet, ich tue etwas Gutes, meine Mitmenschen, egal ob jüdisch oder nicht, sehen und mögen das und schließen daraus, dass sich ein Jude so, nämlich ehrenvoll verhält. Leider funktioniert das auch in die andere Richtung, dann führt es zu *Chillul Haschem,* der »Schändung des göttlichen Namens«, und die Menschen schließen von einem einzelnen Juden gleich auf die ganze Gemeinschaft. Schon allein deshalb sollte man in seinen Geschäftsangelegenheiten umsichtig sein. Abschließend erzählt Rabbiner Golinkin im Namen von Raw Nachman Kossover, dass wir uns daran gewöhnen sollten, den Ewigen immer in unseren Gedanken zu haben. Man fragte ihn daraufhin: »Ist es denn möglich, an Gott zu denken, wenn man seinen Geschäften nachgeht?« Der Raw antwortete: »Aber natürlich! Wenn wir an unsere Geschäfte denken können, während wir beten, wird es uns auch möglich sein, ans Beten zu denken, wenn wir Geschäfte tätigen.«

Gott und das Meer als Bürgen: Wie eine Römerin Rabbi Akiwa Geld lieh

Avraham Radbil

Rabbi Akiwa, einer der größten Weisen des Talmuds, hatte Tausende Schüler. Manche waren so arm, dass sie nicht genug Geld hatten, um sich und ihren Familien Essen oder warme Kleidung für den Winter zu kaufen. Damit sie sich aufs Toralernen konzentrieren konnten, sammelte Rabbi Akiwa Geld für diese Schüler und ihre Familien. Er fand wohlhabende Menschen, die Geld spendeten, das er an die Schüler verteilte, wie es im Talmudtraktat Nedarim 50a heißt. Doch als die Geschäfte der Kaufleute immer schlechter liefen, gelang es Rabbi Akiwa eines Tages nicht mehr, Geld zu beschaffen. »Was sollen die Kinder meiner Schüler morgen essen?«, fragte er sich. Ein Geschäftsmann erzählte ihm, nahe der Stadt würde eine wohlhabende Römerin leben, die dem jüdischen Volk wohlgesinnt sei und das Toralernen ehre. Vielleicht wäre sie in der Lage, ihm Geld für seine Schüler zu geben.

Die Sonne ging fast unter, als Rabbi Akiwa bei der Frau eintraf. Sie war überrascht, als sie den großen Lehrer vor ihrer Tür erblickte, und bat ihn einzutreten. Mit Tränen in den Augen berichtete Rabbi Akiwa, keiner der üblichen Wohltäter könne heute Geld für die Schüler spenden, sie sei nun seine letzte Hoffnung. Die römische Frau hörte aufmerksam zu und sagte, es tue ihr leid, auch sie sei nicht in der Lage, Geld zu spenden, es gehe ihr finanziell nicht gut. Doch sie sei bereit, ihm für einige Tage Geld zu leihen, damit seine Schüler nicht hungern müssen. Das war die Rettung. Der Rabbi bedankte sich. Die Frau fragte: »Wer garantiert mir, dass du mir mein Geld am vereinbarten Tag zurückbringst?« Rabbi Akiwa antwortete: »Jeder kann es bezeugen.« Die Frau schaute sich um, doch außer ihren Sklaven war niemand im Haus. Da blickte sie aus dem Fenster aufs Meer hinaus und sagte: »Ich möchte, dass dein Gott und das Meer dafür bürgen, dass du mir das Geld an dem von uns abgesprochenen Tag zurückgibst.« Rabbi Akiwa antwortete: »So soll es sein«, bedankte sich und eilte zu seinen Schülern, um ihnen das Geld zu geben.

In den folgenden Tagen reiste er in die benachbarten Städte, um Geld für seine Schüler zu sammeln. Wenn er etwas bekam, legte er sofort einen Teil zur Seite. Gott sei Dank liefen die Geschäfte in den anderen Städten besser, sodass Rabbi Akiwa schon nach wenigen Tagen genug Geld zusammenhatte, um der Römerin das Darlehen zurückzuzahlen. Doch am vereinbarten Tag wurde Rabbi Akiwa plötzlich krank und konnte nicht zu der Frau gehen. Er war so krank, dass er nicht einmal jemanden zu der Frau schicken konnte, um ihr zu sagen, dass er nicht in der Lage sei zu kommen. So wartete die Frau den ganzen Tag auf ihn, doch er kam nicht. Und gerade an diesem Tag hätte sie das Geld dringend gebraucht. Verzweifelt ging sie hinaus ans Ufer des Meeres und fing an zu beten: »König der Welt«, rief sie, »nur Dir ist bekannt, warum Rabbi Akiwa nicht gekommen ist, um mir mein Geld zurückzugeben. Ich brauche es dringend für meine Geschäfte. Als ich ihm das Geld lieh, versprach er mir, dass Du und das Meer für ihn bürgen werden. Ich habe ihm vertraut, nun liegt es an Euch, es mir zurückzugeben.«

Gott erhörte ihr Gebet. Auf der anderen Seite des Meeres lebte eine Prinzessin. Nachdem die römische Frau ihr Gebet beendet hatte, kam der Prinzessin ein ungewöhnlicher Gedanke: Sie rannte in den Palast ihres Vaters, nahm eine Kiste mit Gold und Diamanten und warf sie ins Meer. Die Wellen trugen die Kiste an die andere Seite des Meeres vor die Füße der Römerin. Als sie die Kiste öffnete, verstand sie, dass Gott und das Meer ihr die vielfache Summe von dem, was sie Rabbi Akiwa geliehen hatte, zurückgaben. Rabbi Akiwa ging es nach einigen Tagen wieder besser. Sofort eilte er zu der Römerin, um ihr das Geld zurückzugeben. Er bat sie um Entschuldigung und erklärte ihr, warum er nicht rechtzeitig kommen konnte. Als er das Geld auf den Tisch legte, lächelte die Frau und befahl ihrem Sklaven, die Kiste mit dem Gold und den Diamanten hereinzubringen. Sie sagte: »Gott und das Meer haben mir schon alles zurückbezahlt. Sie haben mir sogar viel mehr gegeben, als mir zusteht. Nimm den Überschuss und verteile ihn an deine armen Schüler.«

Die kostbare Perle: Wie Rabbi Akiwa einen demütigen Reichen besuchte

Noemi Berger

Bevor Rabbi Akiwa zu einem der bedeutendsten Gelehrten des rabbinischen Judentums wurde, diente er, des Lesens und Schreibens unkundig, als Hirte bei einem reichen jüdischen Mann namens Kalba Sabua. Dessen Tochter Rachel verliebte sich in Akiwa und spornte ihn zum Lernen an. Doch als die beiden heirateten, warf der Schwiegervater sie aus dem Haus, denn in seinen Augen war die Partie nicht standesgemäß. Nun, da Akiwa ein anerkannter, großer Gelehrter geworden war, schenkte ihm sein Schwiegervater – er war einer der drei reichsten Männer Jerusalems – sein ganzes Vermögen. Dadurch wollte er wettmachen, was er ihm einst angetan hatte.

Von Zeit zu Zeit verkaufte Rabbi Akiwa Diamanten und Edelsteine, um seinen Lebensunterhalt zu verdienen.

Eines Tages wollte ein seltsamer Kunde auf dem Markt eine kostbare Perle von ihm kaufen. Rabbi Akiwa kannte den Mann und hatte ihn immer für mittellos gehalten, denn er war schäbig gekleidet und studierte stets unter den armen Leuten im *Beit Hamidrasch,* dem Lehrhaus. »Ich möchte die Perle kaufen«, sagte der Mann, »und ich zahle deinen Preis. Aber ich habe kein Geld bei mir. Sei so gut und komm mit mir nach Hause, damit ich dich bezahlen kann.« Rabbi Akiwa dachte, der Mann scherze. Aber er wollte ihn nicht beleidigen. Deshalb beschloss er, mit ihm zu gehen. Als sie sich dem Haus des Mannes näherten, war Rabbi Akiwa sehr überrascht: Zahlreiche Diener kamen herausgerannt, um ihren Herren zu begrüßen und ihn in die Wohnung zu geleiten. Rabbi Akiwas Staunen steigerte sich noch mehr, als er beim Betreten des Hauses sah, wie die Diener dem Mann einen schönen goldenen Stuhl hinschoben. Sie brachten Wasser und wuschen ihm sogleich die Füße. Der Mann ließ seine Diener die Kassette holen, in der er sein Geld aufbewahrte, und zahlte Rabbi Akiwa den vollen Preis für die Perle. Dann befahl er den Dienern, die Perle zusammen mit sechs weiteren Perlen zu einem feinen Pulver zu zerstoßen und es in eine Medikamentenkapsel zu füllen. Rabbi Akiwa war verblüfft und fragte den Mann: »Du hast so viel Geld für die kostbare Perle bezahlt, und dann lässt du Pulver daraus machen? Warum tust du das?« »Siehst du, verehrter Rabbi«, antwortete der Mann, »ich kaufe Perlen, zermalme sie zu Pulver und vermische sie mit bestimmten Medikamenten, um sie den Armen zu geben.« Es war im Altertum üblich, Perlen zu zerstoßen, da man ihnen wegen ihrer geheimnisvollen Herkunft eine heilende und magische Wirkung zuschrieb.

Der Mann ließ den Tisch mit den besten Speisen und Weinen decken und lud Rabbi Akiwa und seine Schüler ein, mit ihm zu essen. Als sie fertig waren, sagte Rabbi Akiwa zu dem Mann: »Ich sehe, dass der Allmächtige dich mit großem Reichtum gesegnet hat. Doch ich frage mich, wie kommt es, dass du so demütig bist? Auch ist es merkwürdig, dass ein Mann deines Reichtums sich so zerlumpt kleidet und unter den Armen sitzt, als wäre er einer von ihnen.« »Rabbi!«, antwortete der Mann. »Ich höre oft unsere großen Weisen lehren, dass Gott stolze Männer nicht mag. Aber warum sollte ich stolz auf meinen Reichtum sein? Vielleicht ist er nur ein vorübergehender Schatten, und bald werde ich arm sein. Wenn dies so kommen sollte, dann wird es mir nicht schwerfallen, meinen Platz unter den Armen zu finden. Wenn ich nicht hochklettere, tut mir der Sturz nicht weh. Ich übe *Zedaka,* Wohltätigkeit, im Stillen, denn ich suche keine Ehre für mich. Ich glaube, dass alle Menschen gleich sind, sowohl die Armen als auch die Reichen. Wir alle haben den gleichen Vater im Himmel.« Sodann segnete Rabbi Akiwa den Mann, wünschte ihm ein langes Leben und lange währenden Reichtum, damit er auf seine wunderbare Weise weiterhin viel Gutes tue.

LEGENDEN

Auf dem Friedhof: Was ein frommer Mann beim Belauschen zweier Mädchenseelen hörte

Avraham Radbil

Laut Talmud Traktat Brachot 18b gab in Jahren der Hungersnot einmal ein frommer Mann an Erew Rosch Haschana einem Armen eine Münze. Seine Frau war wütend darüber, und so war er gezwungen, in der Nacht von Rosch Haschana auf dem Friedhof zu schlafen. Da hörte er zwei Mädchenseelen miteinander reden. Die eine sagte zur anderen: »Lass uns in die Welt reisen und hinter dem Vorhang hören, welche Strafe auf die Welt kommt.« Die andere antwortete: »Ich kann nicht, weil ich in einer Schilfmatte begraben bin. Geh du und erzähl mir, was du hörst.« Sie ging hinaus und kam zurück. Ihre Freundin fragte: »Was hast du hinter dem Vorhang gehört?« Sie sagte zu ihr: »Ich habe gehört, dass die Ernte eines jeden, der zum Zeitpunkt des ersten Regens pflanzt, vom Hagel getroffen werden wird.« Der fromme Mann, der das hörte, ging und pflanzte erst während des zweiten Regens. Und siehe da: Die Ernte der ganzen Welt wurde vom Hagel getroffen, doch seine nicht.

Im nächsten Jahr schlief er an Rosch Haschana wieder auf dem Friedhof. Er hörte dieselben Seelen miteinander reden. Die eine sagte zur anderen: »Lass uns in die Welt reisen und hinter dem Vorhang hören, welche Strafe auf die Welt kommt.« Die andere antwortete: »Ich kann nicht, denn ich bin in einer Schilfmatte begraben. Du gehst und sagst mir, was du hörst.« Sie ging hinaus und kam zurück. Ihre Freundin fragte: »Was hast du hinter dem Vorhang gehört?« Sie sagte zu ihr: »Ich habe gehört, dass die Ernte eines jeden, der zum Zeitpunkt des zweiten Regens pflanzt, von einer Seuche befallen wird.« Der fromme Mann hörte das, ging und pflanzte zum Zeitpunkt des ersten Regens. Die Ernte der ganzen Welt wurde von einer Seuche getroffen, aber nicht die jenes Mannes.

Seine Frau fragte ihn: »Wie kommt es, dass letztes Jahr alle Ernten außer deiner vom Hagel zerstört wurden und jetzt alle außer deiner von der Seuche befallen wurden?« Da erzählte er ihr die ganze Geschichte. Und es dauerte nicht viele Tage, da entwickelte sich ein Streit zwischen der Frau des frommen Mannes und der Mutter eines der verstorbenen Mädchen. Die Frau des frommen Mannes sagte zu ihr: »Komm, ich werde dir deine Tochter zeigen, die in einer Schilfmatte begraben wurde.« Doch sie wollte damit die mittellose Mutter kränken, weil sie ihre Tochter nicht würdig begraben hatte. Als der fromme Mann im nächsten Jahr an Rosch Haschana wieder auf dem Friedhof schlief, hörte er auch diesmal die beiden Seelen miteinander reden. Die eine sagte zur anderen: »Lass uns in die Welt reisen und hinter dem Vorhang hören, welche Strafe auf die Welt kommt.« Doch da antwortete die andere: »Lass mich! Die Worte, die wir austauschen, werden unter den Lebenden gehört.«

Die Gemara beschließt, dass diese Geschichte nicht als Beweis gelten kann, dass die Verstorbenen über die Geschehnisse in dieser Welt Bescheid wissen. Die meisten Kommentatoren sind sich einig, dass diese Geschichte nicht wörtlich zu verstehen sei, und sagen, der fromme Mann habe diese Unterhaltungen wohl im Traum gehört. Wir können dieser Geschichte entnehmen, dass das Verdienst für das gesamte Jahr, laut unseren Weisen, an Rosch Haschana festgelegt wird. Wir alle kennen Menschen, die auf außergewöhnliche Art und Weise innerhalb kürzester Zeit wohlhabend geworden sind. Und wir kennen auch Menschen, die ebenso schnell alles verloren haben. Vielleicht hat die Tatsache, dass der fromme Mann trotz der Hungersnot einem Armen an Erew Rosch Haschana Geld gab, bewirkt, dass er jene Träume hatte, die ihm zu Reichtum verhalfen. Denn wie unsere Weisen sagen, ist die Kraft der Zedaka, des Almosengebens, so stark, dass sie einen sogar vor dem Tod erretten kann.

Naturgesetze außer Kraft: Wie sich ein Fluss für Rabbi Pinchas teilte

Yizhak Ahren

Der Talmud erzählt in Traktat Chullin 7a von einem ähnlichen Wunder wie der Spaltung des Schilfmeers. Der für seine Frömmigkeit bekannte Tannait Rabbi Pinchas Ben Jair, der Ende des zweiten Jahrhunderts im Land Israel lebte, wird in diesem Text sogar mit Mosche Rabbenu (Mose) verglichen: »Einst ging Rabbi Pinchas Ben

Jair zu einer Gefangenenauslösung. Unterwegs gelangte er an den Fluss Ginaj. Da sprach er: ›Ginaj, teile mir dein Wasser, damit ich dich durchschreiten kann!‹ Der Fluss erwiderte: ›Du gehst, um den Willen deines Schöpfers zu erfüllen, und ich fließe, um den Willen meines Schöpfers zu erfüllen. Bei dir ist es zweifelhaft, ob du deine Absicht wirst realisieren können, ich aber vollbringe den Willen meines Schöpfers ganz sicher.‹ Da sagte Rabbi Pinchas Ben Jair: ›Wenn du dich jetzt nicht teilst, verhänge ich über dich, dass nie mehr Wasser durch dich fließen wird.‹«

Wie ist es möglich, dass der Ginaj spricht? Ein Fluss rauscht, doch er argumentiert nicht. Die Tossafot zu unserer Stelle behandeln dieses Problem und schlagen zwei Lösungen vor. Ihre erste Antwort lautet: Vielleicht war es der Engel der Gewässer, der zu Rabbi Pinchas Ben Jair sprach. Die zweite Antwort des Kommentars dürfte Rationalisten eher gefallen: Der talmudische Text schildere Rabbi Pinchas Ben Jairs inneren Monolog: »So hätte der Fluss erwidert, wenn er mit mir diskutieren könnte.« Rabbiner Isadore Twersky (1930–1997) bemerkte allerdings einmal, dass die Argumentation des Flusses auf den ersten Blick überzeugend sei. Wieso hat Rabbi Pinchas Ben Jair seine demnach unberechtigte Bitte nicht zurückgezogen? Um das Verhalten des frommen Mannes zu rechtfertigen, hat Twersky die Überlegungen des Tannaiten wie folgt ergänzt: Nach dem Religionsgesetz müsse ein Jude sogar dann den Schabbat entweihen, wenn auch nur die Möglichkeit einer Lebensrettung bestehe. Ebenso müsse das Naturgesetz weichen, wenn auch nur die Möglichkeit einer Rettung bestehe. Rabbi Pinchas Ben Jair sei unterwegs gewesen, um das Gebot der Auslösung von Gefangenen zu erfüllen, und habe daher seine Bitte um ein Wunder für durchaus berechtigt gehalten.

Kehren wir nun zur talmudischen Erzählung zurück. Wie reagierte der Fluss auf die schreckliche Drohung des Tannaiten?

Der Fluss teilte sich, und Rabbi Pinchas Ben Jair konnte hindurchschreiten. Die Geschichte hätte hier enden können, doch sie geht weiter. »Mit ihm war ein Mann, der Weizen für das Pessachfest bei sich hatte. Rabbi Pinchas Ben Jair sprach: ›Teile dich auch für ihn, denn er ist mit der Erfüllung einer Mizwa beschäftigt.‹ Da teilte sich der Ginaj. In ihrer Begleitung befand sich außerdem ein arabischer Händler. Deshalb sprach Rabbi Pinchas Ben Jair zu dem Fluss: ›Teile dich auch für diesen Mann, damit man nicht sage: So behandeln sie einen Reisegefährten!‹ Und der Ginaj teilte sich.« Wir erkennen, dass das Wunder, das die Auslösung von Gefangenen ermöglicht, aus gegebenem Anlass zweimal erweitert wurde.

Aus der hier angeführten Wundergeschichte zog der Talmud einen erstaunlichen Schluss. »Rabbi Josef sprach: ›Um wie viel bedeutender als Mose mit seinen 60 Myriaden ist dieser Mann! Da (am Schilfmeer) geschah es einmal, bei diesem aber dreimal! Vielleicht geschah es auch bei diesem nur einmal? Vielmehr gleicht Rabbi Pinchas Ben Jair Mose mit seinen 60 Myriaden.‹« Es ist wichtig zu begreifen, dass Rabbi Pinchas Ben Jair kein Zauberer war. Kein Mensch vermag Naturgesetze außer Kraft zu setzen; nur der Ewige kann Wunder bewirken. Wohl aber kann ein wahrer Zaddik Gott um ein bestimmtes Wunder bitten, und dann geht sein Wunsch in Erfüllung. Im Midrasch heißt es: »Wenn Zaddikim anordnen, erfüllt der Ewige ihre Worte.«

Klingeln beim Nachbarn: Warum Rabbi Jehoschua den Messias besucht

Boris Ronis

Rabbi Jehoschua ben Levi fand laut dem Talmud-Traktat Sanhedrin 98a einst den Propheten Elija am Eingang der Höhle des Rabbi Schimon ben Jochai. Jehoschua fragte ihn: »Werde ich das künftige Leben erlangen?« Elija antwortete ihm: »Wenn es unserem Herrn gefallen wird.« Rabbi Jehoschua sah zwei Männer vor sich, aber er vernahm noch eine dritte Stimme: Die Majestät Gottes weilte somit unter ihnen. Rabbi Jehoschua fragte den Propheten weiter: »Wann wird der Messias kommen?« Elija erwiderte ihm: »Das musst du ihn selbst fragen.« Jehoschua sprach: »Wo befindet er sich?« Elija entgegnete: »Er sitzt vor den Toren Roms.« Jehoschua fragte: »Woran erkenne ich ihn?« Der Prophet antwortete: »Er ist unter den Armen, die aussätzig sind. Die Kranken außer ihm bandagieren ihre Wunden alle auf einmal. Der Messias allein verbindet erst die eine Wunde, bevor er die nächste bandagiert. Seine Überlegung: Vielleicht werde ich gerufen, und ich will nicht bummeln.« Also ging Rabbi Jehoschua zu jenem Ort, wo der Messias weilte. Er trat vor ihn hin und sprach: »Friede sei mit dir, mein Herr und Meister!« Der Messias erwiderte: »Friede sei mit dir, oh du Sohn Levis!« Jehoschua fragte: »Wann wird meines Herrn Ankunft erfolgen?« Der Messias antwortete: »Ich komme noch heute.« Hierauf kehrte Rabbi Jehoschua zu Elija zurück. Der fragte ihn: »Und, was hat der Gesalbte dir verkündet?« Jehoschua antwortete: »Er sagte: Friede sei mit dir, oh du Sohn Levis!« Elija sprach: »Mit dieser Begrüßung hat er sowohl dir als auch deinem Vater das ewige Leben versprochen.«

Jehoschua sprach weiter: »Er sagte, er würde noch heute kommen, aber er ist nicht gekommen – hat er mich belogen?« Da antwortete ihm Elija: »Er meinte es so: Ich komme noch heute, wenn ihr auf die Stimme Gottes hört.«

Die permanente Frage, wann der Messias nun kommen wird, ist etwas, das wirklich schwer und nicht eindeutig beantwortet werden kann. Das hebräische Wort »Maschiach«, das man übersetzen kann mit »der Gesalbte«, galt ursprünglich meistens den Propheten, Priestern und Königen Israels. Es waren Anführer, die durch Gott persönlich bestimmt wurden und somit offiziell legitimiert waren. Die Salbung selbst erfolgte mit einem aromatischen Gemisch aus Myrrhe, Weihrauch, Zimt, Kalmus, Cassia und anderem. Zusammen wurden diese Bestandteile mit Olivenöl vermischt, und während einer Zeremonie wurde eine auserwählte Person gesalbt. Wir lesen davon das erste Mal im biblischen Buch Samuel: Dort wird Saul, der erste König Israels, gesalbt. Nach ihm kamen König David, sein Sohn Salomo und alle weiteren Könige.

Seit der Zerstörung des Zweiten Tempels im Jahr 70 n.d.Z. und der Vertreibung der Kinder Israels aus ihrem Land wird ein besonderer Maschiach erwartet. Nach den biblischen Prophetenbüchern wären seine Aufgabe unter anderem, alle Juden im Land Israel wieder zu versammeln, der Neubau des Tempels in Jerusalem, die Abschaffung des Götzendienstes und die Etablierung des Weltfriedens – eine schon fast utopische Aufgabe. Die Vorstellungen, wie so ein Messias aussehen wird – als einzelne Person, oder ob es sich eher um ein messianisches Zeitalter handeln wird –, darüber gehen die Meinungen bis heute weit auseinander, abhängig davon, ob man eher eine orthodoxe oder progressive Variante einer endzeitlichen Vorstellung bevorzugt. Auch die Frage, ob der Messias kommen wird, wenn die Welt kurz vor dem Umsturz steht – in Chaos und Krieg versunken –, oder eher als abschließendes Ereignis, wenn die Welt bereits ihr Chaos überwunden hat und seine Ankunft die Besiegelung einer friedlichen Ära einleitet, ist strittig. Einig ist man sich jedoch in der Hoffnung, dass die menschliche Zivilisation nicht untergehen wird, der Mensch am Ende aller Tage alle seine Probleme gelöst hat, in einer Welt leben kann, in der die Schwerter zu Pflugscharen umgeschmiedet werden (Micha 4,3) und eines Tages selbst der Wolf friedlich neben dem Lamm liegen wird (Jeschajahu 11,6).

Vier Rabbiner im Jenseits: Wie man von einem Abtrünnigen lernen konnte

Avraham Radbil

Eine der tragischsten Geschichten des Talmuds finden wir im Traktat Chagiga 14b. Dort wird davon erzählt, dass vier große Rabbiner ins Jenseits, in den Pardes, eintraten. Es waren Ben Asaj, Ben Soma, Rabbi Akiwa und Acher, der ursprünglich Rabbi Elischa ben Awua hieß. Rabbi Akiwa war der Einzige, der heil und ganz im Frieden (wörtlich »Beschalom«) ins Jenseits hineinging und genauso wieder herauskam. Über ihn sagt ein Vers im Hohelied: »Zieh mich dir nach, lass uns eilen! Mich brachte der König in seine Gemächer. Wir wollen jubeln und froh sein mit dir, gedenken deiner Liebkosungen, süßer als Wein. Mit Recht liebt man dich«. Allerdings wollten die Engel Rabbi Akiwa verstoßen. Doch der Allmächtige setzte sich für ihn ein und sagte, sie sollen ihn in Ruhe lassen, denn er sei der göttlichen Präsenz würdig.

Die drei anderen Rabbiner konnten das, was sie im Jenseits sahen, jedoch nicht ertragen und nahmen großen Schaden. Ben Asaj starb. Manche Kommentatoren erklären seinen Tod mit der Tatsache, dass er nicht verheiratet war. Da er sich mit nichts anderem als der Tora beschäftigen konnte, hatte er als Einziger die Erlaubnis erhalten, nicht zu heiraten. Doch weil er dadurch keine Bindung zur körperlichen Welt hatte, konnte seine Seele, nachdem sie in die geistige Welt eingetreten war, nicht mehr in die materielle Welt zurückkehren. Über ihn sagt ein Psalmvers: »Teuer ist in den Augen des Ewigen das Sterben seiner Frommen.« (Ps 72,14) Ben Soma war von dem, was er im Jenseits sah, derart verwirrt, dass er den Bezug zur Realität verlor und verrückt wurde. Über ihn sagt ein Vers in den Sprüchen Salomons: »Hast du Honig gefunden, so iss dir zur Genüge, dass du nicht, übersatt, ihn ausspeist.« (Spr 25,16) Wie Ben Asaj und Ben Soma brachte die Reise ins Jenseits auch Acher, den vierten Rabbiner, sehr durcheinander. Über ihn sagt ein Vers in Kohelet: »Gestatte nicht deinem Mund, in Sünde zu bringen deinen Leib, und sprich nicht vor dem Boten, dass es im Versehen war. Warum soll Gott zürnen über deine Stimme und das Werk deiner Hände zerstören?« (Koh 5,5)

Als Acher im Jenseits war, sah er, wie Metatron, der Oberbefehlshaber der Engel, dort saß und die Verdienste Israels aufschrieb. Das brachte ihn auf die abwegige Idee, es könnte, Gott behüte, zwei Gottheiten geben. Daraufhin wurde Metatron die Erlaubnis erteilt, Achers Verdienste zu löschen, und Acher hörte die göttliche Stimme: Kehrt zu mir zurück, meine abtrünnigen Kinder, alle außer Acher. Alsdann sagte Acher zu sich selbst: »Wenn ich schon die künftige Welt verloren habe, kann ich doch wenigstens noch von dieser Welt genießen«, und wurde abtrünnig. Er ging am Schabbat zu einer Prostituierten, die sich aber vorerst weigerte, mit ihm zu gehen, denn sie erkannte in ihm den berühmten Rabbi Elischa ben Awua. Doch um ihr zu beweisen, dass er mittlerweile ganz weit davon entfernt war, ein Rabbiner zu sein, riss er eine Rübe aus der Erde, was am Schabbat verboten ist. Da rief die Prostituierte: »Es ist nicht Elischa ben Awua, es ist ein anderer (hebräisch: Acher).« So kam Elischa ben Awua zu dem Namen Acher.

Der Talmud erzählt weiter: Obwohl Acher abtrünnig wurde, hörte sein Schüler, Rabbi Meir, nicht auf, weiter von ihm zu lernen. Mehrmals versuchte er, seinen abtrünnigen Lehrer zurück auf den rechten Weg zu bringen. Doch Acher war davon überzeugt, dass es für ihn kein Zurück gebe und dass die himmlischen Tore für ihn für immer verschlossen seien. Die Weisen diskutierten darüber, wie Rabbi Meir von einem Abtrünnigen lernen konnte. Sie verglichen dieses Lernen mit dem Finden eines Granatapfels: Die Körner isst man, und die Schale wirft man weg. Also hat Rabbi Meir das Gute zu sich genommen und das Schlechte von Acher weggeworfen. Wir sehen an dieser Geschichte, dass nicht alle für alles reif genug sind. Oft wollen wir ein Ziel schnell erreichen und die Zwischenstufen überspringen. Doch zur Reife eines Menschen gehört, sich selbst richtig einschätzen zu können. So kann ein Kind die Straße erst dann allein überqueren, wenn es weiß, wann es anhalten und nach links und rechts schauen muss. Wie wir sehen, haben sich drei der vier Rabbiner überschätzt, als sie sich dazu entschlossen, in den Pardes einzutreten. Nur Rabbi Akiwa war »Beschalom«, als er hineinging, und kam deshalb auch genauso wieder heraus.

Der geschlachtete Rabbi: Wie Rabba aus Versehen seinen Kollegen tötete – und wiederbelebte

Yizhak Ahren

In Traktat Megilla 7b berichtet uns der Talmud von einer unerhörten Begebenheit: »Rabba und Raw Seira hielten zusammen das Purimfestmahl ab, und als sie betrunken waren, stand Rabba auf und schlachtete Seira. Am folgenden Tag flehte er um Erbarmen und belebte ihn. Im nächsten Jahr sprach er zu ihm: Möge der Meister kommen, wir wollen zusammen das Purimfestmahl abhalten. Dieser erwiderte: Nicht jederzeit geschieht ein Wunder.« Diese Geschichte ist so erstaunlich, dass sie offensichtlich einer Interpretation bedarf. Wohl verstehen wir, dass die zwei genannten Amoräer die Purimmahlzeit zusammen eingenommen haben und dabei auch reichlich Wein tranken. Denn unmittelbar vor der oben zitierten Talmudpassage heißt es: »Rabba sagte: Am Purimfest muss man so viel trinken, bis man zwischen ›Verflucht sei Haman‹ und ›Gepriesen sei Mordechai‹ nicht mehr zu unterscheiden vermag.« Der Leser fragt sich: Hat Rabba wirklich seinen Kollegen Raw Seira umgebracht und am nächsten Tag dessen Wiederbelebung durch ein Gebet bewirkt?

In der Beantwortung dieser Frage sind die Interpreten unterschiedliche Wege gegangen. Mein gelehrter Vetter Aaron Ahrend hat in einer hebräischen Abhandlung eine Anzahl verschiedener Deutungen nebeneinandergestellt und diese klassifiziert. Er teilt die Interpreten in zwei Gruppen ein: in solche, die das Erzählte wörtlich nehmen, und in solche, die die Geschichte allegorisch auslegen. Die einen sagen: Rabba habe Raw Seira ohne Mordabsicht getötet, als er unter Wirkung des Alkohols stand. Durch sein Gebet habe Rabba am folgenden Tag für das Wunder der Wiederbelebung des Toten gesorgt. Die andere Gruppe von Gelehrten, zu der unter anderem Abraham Maimonides und Rabbi Schmuel Eliezer Edeles, der Maharscha, zählen, erklärt, die ganze Geschichte sei nicht wörtlich zu nehmen. Rabba habe seinen Kollegen nicht wirklich getötet, sondern ihn entweder schwer verletzt oder durch forcierten Weingenuss krank werden lassen. Dementsprechend bestand das eingetretene Wunder nicht in einer Auferstehung von den Toten, sondern in einer natürlichen Genesung.

Der kurze Dialog der beiden Rabbiner am Ende der talmudischen Geschichte ist nach beiden Lesarten verständlich. Rabba wollte das Purimfestmahl wieder mit Raw Seira zusammen feiern und die Untat vom Vorjahr gewissermaßen wiedergutmachen. Jedoch fürchtete Raw Seira eine mögliche Wiederholung des Geschehens und nahm die Einladung nicht an. Wer kann es ihm verdenken? Nach Auffassung der meisten Interpreten lautet die Moral der merkwürdigen Geschichte: Sogar große Gelehrte können durch übermäßigen Weingenuss aus der normalen Bahn geraten und dann großen Schaden anrichten. Daher heißt es im ›Kizzur Schulchan Aruch‹: »Wer aber von schwacher Natur ist und ebenso derjenige, der von sich weiß, dass er dadurch – was der Ewige behüte – irgendein Gebot oder ein Gebet geringschätzen oder zu Leichtfertigkeit kommen wird, für den ist es besser, sich nicht zu berauschen. Alle Handlungen des Menschen seien dem Ewigen zu Ehren.«

Zwölf Jahre im Höhlenversteck: Rabbi Schimon und der Johannisbrotbaum

Noemi Berger

Der Talmud erzählt in Traktat Schabbat 33b, wie eines Tages die führenden Weisen Rabbi Jehuda, Rabbi Jose der Galiläer und Rabbi Schimon Bar Jochai darüber diskutierten, welche Haltung man gegenüber den römischen Besatzern einnehmen sollte. Rabbi Jehuda schlug vor, man solle ihnen freundlich begegnen, Rabbi Jose äußerte keine Meinung, und Rabbi Schimon plädierte für harten Widerstand gegen die Römer – denn er konnte niemals den schrecklichen Anblick seines geliebten Meisters und Lehrers Rabbi Akiwa vergessen, der von den Römern zu Tode gefoltert worden war. Die Weisen merkten nicht, dass ihr Gespräch von einem Mann, Juda ben Gerim, mitangehört wurde. Einst ein Schüler von Rabbi Schimon, wurde er später Spitzel für die römische Obrigkeit. Heimtückisch berichtete er den Römern von der Unterhaltung der Weisen. Sofort gaben sie Rabbi Jehuda Ehre und Rang, weil er ihnen gegenüber freundlich gesinnt war, das Exil für Rabbi Jose, weil er geschwiegen hatte, und den Tod für Rabbi Schimon, der es gewagt hatte, sie herauszufordern.

Da floh Rabbi Schimon und versteckte sich mit seinem Sohn, Rabbi Elasar, in einer Höhle. Doch Gott ließ am Eingang des Verstecks einen Johannisbrotbaum wachsen und erschuf eine Quelle mit frischem Wasser. Zwölf Jahre lang lebte Rabbi Schimon mit seinem Sohn in der Höhle und ernährte sich von Johannisbrot und Wasser. Während dieser Zeit studierten und beteten die beiden und wurden die heiligsten Weisen ihrer Zeit. Nach zwölf Jahren brachte ihnen der Prophet Elijahu die frohe Botschaft von einem Regierungswechsel und ihrer Begnadigung. Da verließen sie die Höhle. An einem Feld, auf dem jüdische Bauern pflügten, sagten sie: »Die Menschen geben das heilige Studium der Tora auf für weltliche Angelegenheiten!« Kaum hatten sie diese Worte gesprochen, ging alles auf dem Feld in Rauch auf. Da hörten sie eine himmlische Stimme sagen: »Bist du herausgekommen, um meine Welt zu zerstören? Geh zurück in deine Höhle!« So kehrten sie für weitere zwölf Monate in die Höhle zurück und verließen sie erst wieder, als sie dieselbe himmlische Stimme vernahmen, die sie aufforderte zu gehen.

Diesmal kamen sie mit einer anderen Einstellung heraus. Als sie am Freitagnachmittag einen Juden sahen, der zwei Myrtenbündel trug und nach Hause rannte, fragten sie ihn, was er mit der Myrte machen wolle. »Sie soll mein Haus zu Ehren des Schabbats schmücken«, antwortete der Mann. »Würde nicht ein Bündel ausreichen, um dein Haus mit Duft zu füllen?«, fragten sie. Der Fremde antwortete: »Ich nehme zwei Bündel, einen für ›Erinnere dich an den Schabbattag‹ und den anderen für ›Heilige den Schabbattag‹.« Da sagte Rabbi Schimon zu seinem Sohn: »Sieh, wie wertvoll die Gebote der Tora für unsere Brüder sind!«

Trotz aller Dekrete und Verfolgungen der grausamen römischen Herrscher hielten die Juden immer noch die Gebote und besonders den Schabbat. Rabbi Schimon und sein Sohn fühlten sich dadurch sehr ermutigt.

Auf ihrem Weg begegneten sie Rabbi Pinchas ben Jair, einem anderen berühmten Gelehrten, sowie Rabbi Schimons Schwiegervater, der herauskam, um sie zu begrüßen. Als er die schrecklichen Auswirkungen des anhaltenden Höhlenlebens auf die Gesundheit seines Schwiegersohns sah, brach er in Tränen aus. Doch Rabbi Schimon tröstete ihn damit, dass er niemals ein solch hohes Maß an Gelehrsamkeit und göttlicher Weisheit erlangt hätte, wenn er nicht so viele Jahre in der Höhle gewesen wäre. Kurz darauf brachen wieder Zeiten der Verfolgungen an. Die Römer verboten es, den Schabbat und andere wichtige jüdische Gebote zu halten. Da beschlossen die Weisen, eine Delegation nach Rom zu entsenden, und wählten Rabbi Schimon als Wortführer. Als sie dort ankamen, hörten sie, dass die Tochter des römischen Kaisers ihren Verstand verloren habe und niemand sie heilen konnte. Da ging Rabbi Schimon zum Palast und bat um Erlaubnis, die Patientin zu behandeln. Und siehe da – nach einigen Tagen der Behandlung wurde die Prinzessin gesund. Aus Dankbarkeit sagte der Kaiser zu Rabbi Schimon, dass er sich das Kostbarste aus seiner Schatzkammer aussuchen könne. Rabbi Schimon fand dort die ursprünglichen Dekrete der Verfolgung und verlangte sie als seine Belohnung. So gelang es ihm, seinem Volk große Errettung zu bringen.

Schlusswort

Jehoschua Ahrens

> *»Warum muss ein Jude eine Frage immer mit einer Gegenfrage beantworten?« – »Warum nicht?« (Bekannter jüdischer Witz)*

Leben ist ständig in Bewegung. Das heißt, dass auch Traditionen immer wieder neu interpretiert und verstanden werden müssen. Genau dafür braucht das Judentum den Talmud und dieses Buch hat gezeigt, wie sehr dieser sich im Spannungsbogen zwischen dem geschriebenen Text und realen Lebenssituationen befindet. Es gibt unzählige Möglichkeiten für menschliches Verhalten und Handeln, unzählige menschliche Bedürfnisse und daraus resultierende Probleme. Der Talmud begleitet seit den Tagen Mose das geschriebene Wort auf seinem Weg der praktischen Umsetzung, durch die das jüdische Volk im Laufe seiner Geschichte ging und geht.

Über die Jahrhunderte hinweg entstand so eine unglaublich facettenreiche und vielschichtige Auslegungstradition, eine generationsübergreifende Debatte. Und doch nimmt sich der Talmud nie zu ernst. Rabba, so wird im Talmud-Traktat Schabbat 30b erzählt, machte immer Witze, bevor er den Talmud lehrte, und seine Schüler und Kollegen lachten aus vollem Herzen. Erst dann begann er mit dem Unterricht.

Dieses Buch hat mit seinen Geschichten und Anekdoten einen Einblick in die Vielfalt und Vielstimmigkeit, in die Weisheit und die Lebensbezogenheit, die Ernsthaftigkeit, aber auch den Humor des Talmud gegeben und gezeigt, wie zentral der Talmud für das Leben und auch für die Menschen ist.

Glossar

Jehoschua Ahrens

Achronim: wortwörtlich »die Späteren«, also rabbinische Kommentatoren der Bibel und des Talmud in der Neuzeit bis heute.

Aggada: wortwörtlich »Erzählung«, der nichtreligionsrechtliche exegetische Texte der rabbinischen Literatur, also Legenden, Anekdoten oder auch Gleichnisse.

Am Haarez: wortwörtlich »Volk des Landes«, in der rabbinischen Literatur meist abwertend für eine Person gemeint, also Ignorant oder Dummkopf.

Amoraim: Amoräer, also die Rabbiner der Gemara (jüngerer Teil des Talmuds, 3.-5. Jahrhundert).

Barajta: Tannaitische Lehrmeinung, die nicht Teil der Mischna wurde, aber später in der Gemara zitiert wird.

Beit Din: Rabbinatsgericht

Beit Hamidrasch: Lehrhaus

Birkat Hamason: Tischdank, also Gebet, das direkt nach dem Essen einer Mahlzeit gesagt wird.

Bracha (pl. Brachot): Segensspruch.

Brit Mila: wortwörtlich »Bund der Beschneidung«, Beschneidung jüdischer Jungen am achten Tag nach der Geburt.

Chalitza: Ritual mit dem eine Witwe die Leviratsehe mit ihrem Schwager ablehnt.

Challa (pl. Challot): Brote, die speziell für Schabbat und die Feiertage gebacken werden.

Chamsa: wortwörtlich »Fünf«, steht für die fünf Finger der Hand, meist in Form eines Amuletts in Handform, das Böses abhalten soll.

Chatat: Reinigungs- oder Sühneopfer, die während der Zeit der Tempel in Jerusalem bei Vergehen, die unabsichtlich begangen wurden, gebracht wurden.

Chawruta: wortwörtlich »Freund«, bezeichnet die zwei Lernpartner, die traditionell Talmud miteinander studieren.

Chessed: hebr. Gnade, wird auch als Synonym für gute Taten oder Wohltätigkeit verwendet.

Chukim: hebr. Satzungen, eine Teilkategorie von Geboten der Tora, Chukim sind solche Gebote, deren Sinn wir nicht unbedingt verstehen können.

Chuzpe: Dreistigkeit, Unverschämtheit; kann negativ, aber auch anerkennend positiv (im Sinne von pfiffig) verwendet werden.

Dina de Malchuta Dina: wortwörtlich »Das Gesetz des Landes ist Gesetz«, Rechtsgrundsatz nachdem sich Juden an die Rechtsordnung ihres (nichtjüdischen) Wohnlandes halten müssen.

Erez Israel: Land Israel.

Gemara: Niederschrift der rabbinischen Diskussionen der Mischna in den nachfolgenden Generationen; wurde um das Jahr 500 herum redaktionell abgeschlossen; jüngerer Teil des Talmuds, enthält Beiträge von Rabbinern des 3.-5. Jahrhunderts.

Hadlakat Nerot: Kerzenzünden, kurz vor Schabbat oder einem Feiertag.

Halacha/Halachisch: jüdisches Religionsrecht; religionsrechtlich.

Hawdala: Ritual zum Ende des Schabbat, mit dem die neue Woche eingeleitet wird.

Jeschiwebocher: junger Mann, der in einer Jeschiwa (Talmudakademie) lernt.

Kiddusch: Segensspruch über einen Becher Wein mit dem üblicherweise der Schabbat oder ein Feiertag eingeleitet wird.

Kizzur Schulchan Aruch: verdichtetes Kompendium jüdischen Religionsrechts.

Kohen: Priester im Tempel oder dessen Nachfahre.

Mamser: das Kind einer verbotenen Beziehung.

Melacha: wortwörtlich »Arbeit«, Tätigkeiten, die am Schabbat unter das Arbeitsverbot gezählt werden.

Midrasch: Auslegungsmethode der Bibel; hier vor allem Erzählungen im Talmud, mit denen bestimmte biblische Passagen tiefergehend erklärt oder »Lücken« im Text ergänzt werden.

Mischna: wichtigste Niederschrift der mündlichen Überlieferung, wurde um das Jahr 200 herum redaktionell abgeschlossen. älterer Teil des Talmuds, enthält Beiträge von Rabbinern des 1.-2. Jahrhunderts.

Mizwa (pl. Mizwot): Gebot; die 613 Gebote und Verbote, auf die Gott nach jüdischer Tradition mit der Tora das jüdische Volk am Berg Sinai verpflichtete.

Mussar: wortwörtlich »Zurechtweisung«, eine jüdisch-orthodoxe Moral-Bewegung, gegründet im 19. Jahrhundert in Litauen.

Nidda: rituelle Unreinheit einer Frau während und kurz nach ihrer Menstruation.

Rebbezin: Die Frau eines Rabbiners.

Rischonim: wortwörtlich »die Ersteren«, also rabbinische Kommentatoren der Bibel und des Talmud des Mittelalters.

Schiur (pl. Schiurim): Lernvortrag.

Schma Jisrael: wortwörtlich »Höre Israel«, das vielleicht bekannteste jüdische Gebet.

Sefer: hebr. Buch

Simun: wortwörtlich »Einladung«, also die Einladung einer Person zum Tischgebet nach dem Essen, wenn in einer Gruppe von mindestens drei Personen gegessen wurde.

Schofar: Widderhorn, liturgisches Blasinstrument, insbesondere für die Zeit der Hohen Feiertage.

Sus: Währungseinheit im antiken Israel

Talmid Chacham: wortwörtlich »weiser Schüler«, kommt wahrscheinlich von Schüler der Weisen, Bezeichnung eines großen Gelehrten der rabbinischen Literatur.

Tanach: Akronym aus Tora (5 Bücher Mose), Newi'im (Prophetenbücher) und Ktuwim (sonstige Schriften, bspw. Psalmen), Kanon der hebräischen Bibel.

Tannaim: Tannaiten, also die Rabbiner der Mischna (älterer Teil des Talmuds, 1.-2. Jahrhundert).

Tefillin: Gebetsriemen, die Männer üblicherweise beim Morgengebet an Wochentagen tragen.

Tosfot: Sammlung von Kommentatoren des Talmuds aus Deutschland und Frankreich des 12.-14. Jahrhunderts.

Zadik: wortwörtlich »Gerechter«, Bezeichnung einer rechtschaffenden Person.

Zedaka: wortwörtlich »Gerechtigkeit«, jüdisches Prinzip von Wohltätigkeit und Ideal einer auf Gerechtigkeit basierten Gesellschaft.

Zizit: rituelle Schaufäden, die an Kleidung oder Gebetsschal (Tallit) angebracht sind.

Liste der erwähnten Rabbiner in Talmud und Kommentaren

Rabbiner aus dem Talmud (Jehoschua Ahrens und Chajm Guski)

Abba Hilkijahu, war ein Tannait der ersten Generation in Israel, der im 1. Jahrhundert wirkte. Ein Wunderrabbiner, der bei Dürre Regen bringen konnte.

Acher, eigentlich Rabbi Elischa ben Abuja, war ein Tannait der zweiten Generation in Israel und einer der größten Gelehrten, Lehrer von berühmten Rabbinern, fiel aber vom Glauben ab und bekam als Häretiker den Namen Acher (der Andere), um seinen Namen nicht zu nennen.

Ben Asaj, war ein Tannait der frühen zweiten Generation, wirkte im 2. Jahrhundert in Israel, war trotz seiner Gelehrsamkeit offiziell kein Rabbiner, als einziger Rabbiner des Talmuds blieb er unverheiratet, was häufig kritisiert wurde.

Ben Soma, war ein Tannait der zweiten Generation, wirkte im 2. Jahrhundert in Israel, war so weise, dass jeder, der von ihm träumte selbst gelehrsam wurde, hatte trotzdem offiziell keinen Rabbinertitel.

Chanina Ben Dossa, war ein Tannait der ersten Generation, wirkte in der zweiten Hälfte des 1. Jahrhunderts in Galiläa. Er war ein Schüler des berühmten Rabbiners Jochanan ben Sakkai.

(Rabbi) Hillel, war einer der prägendsten Rabbiner des Talmuds überhaupt. Er wurde in Babylon geboren, lebte und wirkte dann aber im 1. Jahrhundert vor der Zeitrechnung in Jerusalem, wo er auch eine eigene Denkschule gründete, das Bet Hillel, in dem er viele berühmte Tannaiten unterrichtete. Er ist berühmt für seine pragmatischen und gutherzigen Rechtsauslegungen.

Juda ben Gerim, wörtlich: Juda, Sohn von Konvertiten, war ein Tannait der zweiten Generation, wirkte Mitte des 2. Jahrhunderts in Israel, ein Schüler des berühmten Schimon bar Jochai.

Mar Junka, war ein Amoräer der sechsten Generation, wirkte im 5. Jahrhundert in Babylonien.

Mar Kaschischa, war ein Amoräer der sechsten Generation, wirkte im 5. Jahrhundert in Babylonien.

Mar Ukwa, war ein Amoräer der ersten Generation, wirkte in der ersten Hälfte des 3. Jahrhunderts in Babylonien. Er war Exilarch, also Leiter der Exilgemeinde außerhalb Israels.

Rabba, eigentlich Rabba bar Nachmani, war ein wichtiger Amoräer der dritten Generation in Babylonien, der Ende des 3., Anfang des 4. Jahrhunderts wirkte. Er kam aus einer Familie, die vom Priester Eli abstammte. Leiter der Talmudakademie von Pumbedita.

Rabban Gamliel aus Jawne, auch Gamliel II, war ein Tannait der zweiten Generation, wirkte Ende des 1. Jahrhunderts, Anfang des 2. Jahrhunderts in Jawne, wo der auch das Lehrhaus leitete. Er war Schüler von Hillel und Nachfolger von Jochanan ben Sakkai.

Rabbi Abbahu, war ein Amoräer der dritten Generation, wirkte Ende des 3. Jahrhunderts, Anfang des 4. Jahrhunderts in Caesarea in Israel, wo der auch das Lehrhaus leitete.

(Rabbi) Abaje, war ein Amoräer der vierten Generation, wirkte Anfang des 4. Jahrhunderts in Pumbedita in Babylonien, wo der auch das Lehrhaus leitete.

Rabbi Acha, war ein Amoräer der dritten Generation, wirkte im 3. Jahrhundert in Israel, war gemäß der jüdischen Tradition der bußfertigste Mensch überhaupt.

Rabbi Akiwa, war einer der bedeutendsten Rabbiner überhaupt, wirkte maßgeblich an der Mischna und dem Midrasch Halacha mit, ein Tannait der zweiten Generation, lebte und wirkte in der zweiten Hälfte des 1. und zu Beginn des 2. Jahrhunderts in Israel, Gründer und Leiter der Akademie in Bnei Brak, war einer der Zehn Märtyrer, die unter Kaiser Hadrian ermordet wurden.

Rabbi Awtaljon war der Nachkomme eines Proselyten, lebte zur Zeit von Jannai Alexander, der etwa von 76 bis 50 v. Allgemeiner Zeitrechnung regierte. Er floh nach Alexandria und war Haupt des Sanhedrins (Chagigah 2,2).

Rabbi Chanina ben Dosa, lebte vor und nach der Zerstörung des Tempels. Besonders hervorgehoben wird seine Fähigkeit zu beten. Die klügsten Gelehrten kamen zu ihm, um für sie zu beten. Er galt aber als arm und erlebte deshalb zahlreiche Wunder für sich und seine Familie.

Rabbi Chisda, siehe Raw Chisda

Rabbi Chijja bar Abba, war ein Amoräer der ersten Generation, geboren in Babylonien, lebte und wirkte er in der ersten Hälfte des dritten Jahrhunderts im Land Israel. Nach Überlieferungen war er maßgeblich am Torakommentar Sifra beteiligt.

Rabbi Elasar, eigentlich Rabbi Elasar ben Schammua, war ein Tannait der vierten Generation. Obwohl in eine reiche Familie in Alexandrien geboren, wirkte er im zweiten Jahrhundert im Land Israel.

Rabbi Elieser, eigentlich Rabbi Elieser ben Hyrkanos, auch »der Große« genannt, war ein Tannait der zweiten Generation und lebte und wirkte Ende des ersten und Anfang des zweiten Jahrhunderts in Israel. Obwohl er einer der prominentesten Gelehrten und Held vieler Geschichten ist, wurde wegen seiner querulanten Art der Bann über ihn verhängt.

Rabbi Huna, siehe Raw Huna

Rabbi Jehoschua ben Korcha, zu Deutsch: Jehoschua, Sohn des Glatzköpfigen, war ein Tannait der dritten Generation und lebte und wirkte im 2. Jahrhundert in Israel. Er war wahrscheinlich ein Sohn des offensichtlich glatzköpfigen Rabbi Akiwa.

Rabbi Jehoschua ben Levi, war ein bedeutender Amoräer der ersten Generation, der in der ersten Hälfte des dritten Jahrhunderts im Land Israel lebte und wirkte.

Rabbi Jehuda, eigentlich Rabbi Jehuda bar Ilai, war Tannait der vierten Generation, er lebte und wirkte in Galiläa im zweiten Jahrhundert. Er ist der am häufigsten erwähnte Gelehrte der Mischna.

Rabbi Jehuda HaNassi, im Talmud meist nur Rabbi genannt, war einer der berühmtesten Tannaiten, er lebte und wirkte im zweiten und dritten Jahrhundert in Israel. Er war Hauptredakteur und Herausgeber der Mischna.

Rabbi Jirmeja, eigentlich Jirmeja ben Abba, war bedeutender Amoräer der vierten Generation, der im vierten Jahrhundert im Land Israel lebte und wirkte.

Rabbi Jischmael, war ein Tannait der vierten Generation (etwa 110–135) in Israel und stammte aus einer Familie von Priestern. Er lebte unter der Verfolgung durch die Römer. und gilt als Vater von 13 hermeneutischen Regeln, nach denen die Halacha aus der Tora abgeleitet wird.

Rabbi Jizchak, auch Jizchak Nappacha (Isaak der Schmied), war Amoräer der zweiten Generation, der im dritten und vierten Jahrhundert in Galiläa lebte und wirkte.

Rabbi Jochanan, eigentlich Rabbi Jochanan bar Nappacha, war Amoräer der zweiten Generation, der im dritten Jahrhundert in Galiläa wirkte. Er gründete und leitete das Lehrhaus in Tiberias.

Rabbi (Rabban) Jochanan ben Sakkai, war einer der berühmtesten Tannaiten, er lebte und wirkte im ersten Jahrhundert in Israel, während der Spätzeit des Zweiten Tempels und in der transformativen Epoche nach dessen Zerstörung. Mit Gründung und Leitung des Lehrhauses in Jawne bewahrte er das jüdische Wissen und trug wesentlich zur Erneuerung des Judentums bei. Er blieb neben den Nachkommen Hillels der einzige mit dem Ehrentitel Rabban.

Rabbi Jose der Galiläer, war ein Schüler von Rabbi Akiwa. Seine Meinungen werden häufig zitiert.

Rabbi Josef, war ein Amoräer der dritten Generation (etwa 290–320). Nach dem Tod von Rabba übernahm er die Leitung der Akademie in Pumpedita. Er war für seine Bescheidenheit und seine Kenntnis der Halachah bekannt. Er verlor später sein Gedächtnis und erblindete.

Rabbi Jossi, eigentlich Rabbi Jossi ben Halafta, war ein Tannait der vierten Generation und einer der fünf wichtigsten Schüler von Rabbi Akiwa. Obwohl aus einer babylonisch-jüdischen Familie, wurde er in Zipori/Galiläa geboren und wirkte im 2. Jahrhundert in Israel. Einer der am meisten erwähnten Rabbiner der Mischna.

Rabbi Jossi bar Chanina, war ein Amoräer der zweiten Generation, der im dritten Jahrhundert in Israel lebte und wirkte.

Rabbi Jossi ben Simra, war ein Tannait der letzten Generation, er lebte und wirkte in Israel im zweiten und dritten Jahrhundert, in der Übergangszeit zwischen den Epochen der Tannaiten und der Amoräer. Er stammte aus einer berühmten Familie und sein Sohn heiratete die Tochter von Rabbi Jehuda HaNasi. Einigen zufolge war er ein Nachkomme von König David.

Rabbi Meir, war Tannait der vierten Generation (etwa 139–163) und ein Schüler von Rabbi Akiwa. Er wurde Oberhaupt des Hofes in Uscha, geriet dann aber mit R. Schimon ben Gamliel in Streit und verließ das Land Israel. Es heißt, er habe zahlreiche Wunder erlebt.

Rabbi (Raw) Nachman bar Jizchak, war Amoräer der vierten und fünften Generation, der im vierten Jahrhundert in Babylonien wirkte. Er war einer der führenden Lehrer an der Akademie in Pumbedita.

Rabbi Nat(h)an, war ein Tannait der dritten Generation (etwa um die Jahre 110–135). Wenngleich ursprünglich aus Babylon, ging er in das Land Israel und wurde stellvertretendes Haupt des Sanhedrins. Er wollte die Vorgehensweise zur Ernennung des Vorsitzenden ändern. Zur Strafe wurden seine Beiträge zur Mischna nicht mit seinem Namen bezeichnet, sondern mit den Worten »einige sagen« eingeleitet.

Rabbi Perida, war ein Enkel von Rabbi Chijja bar Awuja und Vorsteher eines Lehrhauses. Er war für seine Gelehrsamkeit bekannt.

Rabbi Pinchas ben Jair, war ein Tannait der vierten Generation und Schwiegersohn von Rabbi Schimon bar Jochai und lebte zur Zeit von Rabbi Jehuda HaNasi. Seine herausragende Frömmigkeit wird verschiedentlich erwähnt.

Rabbi Schammai, war Zeitgenosse und Konkurrent des berühmten Hillel. Er lebte und wirkte im ersten Jahrhundert vor der Zeitrechnung und im ersten Jahrhundert in Israel, wo er auch eine eigene Denkschule gründete, das Bet Schamai, in dem er viele berühmte Tannaiten unterrichtete. Er ist für seine strengen Auslegungen bekannt.

Rabbi Schemaja, war Tannait der ersten Generation, er lebte und wirkte in Israel im ersten Jahrhundert und war Vorsteher des Sanhedrins. Seine Vorfahren waren Konvertiten, die der Überlieferung nach von König Sanherib von Assyrien abstammen.

Rabbi Schimon, siehe Rabbi Schimon bar Jochai

Rabbi Schimon ben (bar) Jochai, war ein Tannait der zweiten Generation. Er war ein Schüler von Rabbi Akiwa. Er wird die Autorenschaft des mystischen Werks Sohar zugeschrieben.

Rabbi Schimon ben Menasja, war ein Tannait der vierten Generation, lebte und wirkte im 2. Jahrhundert in Israel. Wird oft in Mischna und Barajta zitiert.

Rabbi Simlai, Amoräer der zweiten Generation, der im dritten Jahrhundert im Land Israel wirkte und besonders in der Haggada (Pessach-Ordnung) Erwähnung findet.

Rabbi Tanchum, war ein Amoräer im 3. Jahrhundert in Israel.

Rabbi Tarphon, gehörte zur dritten Generation der Tannaiten (etwa 80–110) in Israel, stammte aus Jawne und war ein Kohen (Priester), der die Zerstörung des Tempels erlebte. Wenngleich er, als Anhänger des Hauses Schammai, in vielen Punkten nicht mit R. Akiwa übereinstimmte, so galten sie dennoch als Freunde.

Raw Adda bar Ahawa, war ein Amoräer der zweiten Generation (etwa 250–290) in Babylonien und ein Schüler von Raw. Er soll an dem Tag geboren worden sein, an dem Rabbi Judah HaNasi starb. Nach dem Tod von Raw betreute Raw Adda weiterhin die Schüler in Pumbedita.

Raw Aschi, lebte in der sechsten Generation der Amoraim in Babylonien (um 352–427) und wurde bereits im Alter von vierzehn Jahren Leiter eines Lehrhauses. Dies tat er fast sechzig Jahre und formte Generationen von Schülern. Er gilt als einer der Grundsteinleger für den babylonischen Talmud.

Raw Assi, war Amoräer der ersten Generation, der Anfang des dritten Jahrhunderts in Babylonien wirkte.

Raw Chisda, war Amoräer der dritten Generation, der im dritten und Anfang des vierten Jahrhunderts in Babylonien wirkte. Gründete seine eigene Akademie in Mata Mechasia.

Raw Huna, war Amoräer der zweiten Generation, der im dritten Jahrhundert wirkte. Er war ein Schüler von Raw und übernahm die Leitung des Lehrhauses in Sura. Als er im Alter von über 80 Jahren verstarb, hatte er ihr vierzig Jahre lang vorgestanden.

Raw Ilisch, war vermutlich ein Amoräer der dritten Generation und ein Schüler von Rabba. Er wird im Talmud nur an acht Stellen erwähnt.

Raw Jehuda, war Amoräer der zweiten Generation, lebte und wirkte im dritten Jahrhundert in Babylonien. Gründer und Leiter der Akademie von Pumbedita.

Raw Nachman, war Amoräer der dritten Generation, lebte und wirkte Ende des dritten, Anfang des vierten Jahrhunderts in Babylonien. Leiter der Akademie von Nehardea.

Raw Papa, gehörte zur fünften Generation der Amoraim (etwa 350–375) und lernte unter Abaje und Rawa. Er war wohlhabend und gründete sein eigenes Lehrhaus in Naresch. Von ihm sind zahlreiche Aussprüche überliefert.

Raw Safra, lebte in der vierten Generation der Amoräer (um 280-338) in Babylonien. Er war ein Schüler Abbas. Mit Rabbi Kahana und Raw Huna ging er später ins Ausland.

Raw Scheschet, war ein Amoräer der dritten Generation (etwa 290–320). Seine Meinungen werden häufig als verbindlich betrachtet. Er studierte unter Raw Huna und Raw Chisda. Seine Beziehungen zum Exilarchen galten als angespannt. Er lebte zunächst in Nehardea und es heißt, er sei blind gewesen.

Raw Seira war ein Amoräer der dritten Generation. In Babylonien studierte er unter R. Jehuda ben Jechezkel. Er fastete 100 Tage lang, bevor er sich würdig fühlte, in das Land Israel zu gehen. Dort erhielt er seine Ausbildung von R. Elasar ben Pedat und R. Abahu.

Raw Sewid, war Amoräer der vierten und fünften Generation, lebte und wirkte im vierten Jahrhundert in Babylonien. Leiter der Akademie von Pumbedita.

Raw Ulla, war ein Amoräer der zweiten oder dritten Generation. Sein Name wird in Debatten häufig genannt. Er war Schüler von R. Elazar ben Pedat. Obwohl er aus dem Land Jisrael stammte, reiste er häufig nach Babylonien, um dort zu beraten.

Rawa, eigentlich Raw Abba bar Josef bar Chama, war einer der bedeutendsten Amoräer der vierten Generation in Babylonien, der in der ersten Hälfte des 4. Jahrhunderts wirkte. Leiter der Talmudakademie von Machusa (Seleukeia-Ktesiphon).

Rawa bar Mari, war Amoräer der vierten Generation, der im vierten Jahrhundert in Babylonien wirkte.

Rawina, war einer derjenigen, die Raw Aschi bei der Zusammenstellung des Babylonischen Talmuds unterstützten. Raw Aschi wurde von diesem als Lehrmeister betrachtet, wenngleich dieser älter war. Er studierte unter Rawa und zitiert ihn regelmäßig. Er unterhielt für kurze Zeit selber ein Lehrhaus, hielt aber den größten Teil seines Unterrichts auf der Straße ab.

Resch Lakisch, war Amoräer der zweiten Generation, wirkte im dritten Jahrhundert in Tiberias in Galiläa. Der Legende nach war er zunächst Räuber und Gladiator, bevor er religiös wurde und sich der Tora zuwandte.

Schmuel, war Amoräer der ersten Generation, der Ende des zweiten und in der ersten Hälfte des dritten Jahrhunderts in Babylonien wirkte. Leiter der Akademie von Nehardea.

Rabbiner des Mittelalters und der frühen Neuzeit (Jehoschua Ahrens)

Abarbanel (Don Isaak ben Juda Abarbanel), Politiker im Dienste der spanischen und portugiesischen Könige mit hohen Ämtern, unter anderem Vizekönig in Neapel. Er lebte im Ende des 14., Anfang des 15. Jahrhunderts in Spanien, Portugal und Italien.

Rabbiner Schmuel Eliezer Edeles (Maharscha), Talmudgelehrter, lebte und wirkte Ende des 16., Anfang des 17. Jahrhunderts in Polen.

Achai Gaon (Scheiltot), bedeutender Gelehrter während der Zeit der Geonim (8. Jahrhundert), der erste große Rabbiner nach Vollendung des Talmuds. Er lebte zunächst noch in Babylonien, später in Israel.

Rabbiner Jeschajahu HaLevi Horowitz, Talmudist und Kabbalist, lebte und wirkte Ende des 16., Anfang des 17. Jahrhunderts, war Rabbiner in Dubno und Frankfurt und Oberrabbiner von Prag, bevor er nach Israel auswanderte, wo er später auch verstarb.

Rabbiner Josef Karo, Kabbalist und jüdischer Rechtsgelehrter, einer der bedeutendsten Rabbiner der frühen Neuzeit (16. Jahrhundert), lebte und wirkte zunächst im Balkan, bevor er sich in Safed niederließ und dort Gemeinde und Bet Din leitete. Er ist Verfasser des Schulchan Aruch, der heute noch ein Standardwerk des jüdischen Rechts ist.

Maharal (Rabbi Löw von Prag), wichtiger Talmudist, Philosoph und Mystiker des 16. Jahrhunderts in Prag. Er verfasste wichtige

Kommentare, unter anderem zu Raschi, und gilt, der Legende nach, als Erschaffer des Golem.

Abraham Maimonides (Rabbiner Abraham ben Moses ben Maimon), Rabbiner, Mystiker und Arzt, war der Sohn des berühmten Rambam. Er wirkte in der ersten Hälfte des 13. Jahrhunderts in Ägypten, wo er seinem Vater als Nagid (Leiter) der jüdischen Gemeinde folgte.

Me'iri (Rabbiner Menachem Me'iri), berühmter katalanischer Rabbiner und Talmudist. Er lebte und wirkte Ende des 13., Anfang des 14. Jahrhunderts in Perpignan. Anhänger des Rambam.

Ra'awad (Rabbiner Abraham ben David), Talmudist und wichtiger Mystiker, gilt als »Vater der Kabbala«, Kommentator des Rambam, lebte und wirkte im 12. Jahrhundert in der Provence.

Rabbenu Chiskija ben Manoach (Chiskuni), berühmter Bibelkommentator, lebte und wirkte im 13. Jahrhundert in Frankreich.

Rabbenu Tam (Rabbiner Jakob ben Meir), renommierter Rabbiner und führender Autor des Tosfotkommentars zum Talmud, führende halachische Autorität seiner Generation und ein Enkel von Raschi. Lebte und wirkte im 12. Jahrhundert in Frankreich.

Rambam/Maimonides (Rabbiner Mose ben Maimon), Philosoph, Talmudist, Halachist und Arzt, einer der profiliertesten und einflussreichsten jüdischen Gelehrten des Mittelalters (12. Jahrhundert). Sein Talmudkommentar Mischne Tora, der gleichzeitig das jüdische Recht systematisierte, ist heute noch Standardwerk. Zunächst Rabbiner in Spanien, dann Marokko, Israel und schließlich Ägypten, wo er die jüdische Gemeinde leitete.

Ramban/Nachmanides (Rabbiner Mose ben Nachman), Philosoph, Arzt, Kabbalist und Bibelkommentator, ein führender jüdischer Gelehrter des Mittelalters (13. Jahrhundert). Er lebte und wirkte in Girona, Katalonien, lebte aber am Ende seines Lebens in Israel und gilt als Schlüsselfigur des Wiederaufbaus der jüdischen Gemeinde in Jerusalem nach ihrer Zerstörung durch die Kreuzfahrer.

Ran (Rabbenu Nissim ben Reuwen Gerondi), einflussreicher Talmudist und Rechtsgelehrter. Lebte und wirkte im 14. Jahrhundert in Girona, Katalonien. Er war einer der letzten großen spanischen Talmudkommentatoren des Mittelalters.

Raschbam (Rabbiner Samuel ben Meir), renommierter Rabbiner und führender Autor des Tosfotkommentars zum Talmud, ein Enkel von Raschi. Lebte und wirkte im 12. Jahrhundert in Frankreich.

Raschi (Rabbiner Schlomo ben Jizchak), ein führender Gelehrter des Mittelalters (11. Jahrhundert), Autor der Standardkommentare zu Talmud und Tanach (Bibel), ohne die auch heute ein jüdisches Talmud- und Bibelstudium undenkbar wäre.

Saadja Gaon, Rabbiner, Philosoph und Exeget, einer der wichtigsten Vertreter der Geonim. Geboren Ende des 9. Jahrhunderts in Ägypten, wirkte er in den 900er Jahren in den großen Talmudakademien in Babylonien.

Rabbiner der Moderne (Jehoschua Ahrens)

Ben Isch Chai (Rabbiner Josef Chaim), Talmudist, Kabbalist und jüdischer Rechtsgelehrter, führender Rabbiner in Bagdad im 19. Jahrhundert. Veröffentlichung zahlreicher Werke, die auch heute noch relevant sind.

Rabbiner Joel Bin-Nun, Bibelgelehrter, zeitgenössischer israelischer Rabbiner, einer der Gründer der Yeshivat Har Etzion, Michlelet Herzog und den Siedlungen Alon Schwut und Ofra.

Rabbiner Jakob Ettlinger, Talmudgelehrter, einer der führenden Rabbiner in Deutschland im 19. Jahrhundert und einer der Wegbereiter einer modernen Orthodoxie.

Rabbiner Mosche Feinstein, jüdischer Rechtsgelehrter, geboren in Litauen, lebte und wirkte in den USA, führende zeitgenössische Autorität des aschkenasischen Judentums.

Rabbiner David Flatto, jüdischer Rechtsgelehrter, Gemeinderabbiner in New York und Professor für Recht und jüdische Philosophie an der Hebräischen Universität in Jerusalem.

Rabbiner David Golinkin, zeitgenössischer Talmudist, Professor für Talmud am Schechter Institut in Jerusalem, dessen Präsident er seit 2015 ist, Autor zahlreicher Bücher.

Rabbiner Samson Raphael Hirsch, berühmter Bibelkommentator und führender Rabbiner der deutschen Orthodoxie des 19. Jahrhunderts, Gründer der Neo-Orthodoxie, genießt bis heute großen Einfluss innerhalb der jüdischen Orthodoxie.

Rabbiner Menachem Mendel Kascher, Talmudist, Bibelgelehrter und Halachist, geboren 1895 in Polen, lebte und wirkte er die größte Zeit seines Lebens in Israel.

Rabbiner Dow Lior, zeitgenössischer israelischer Rabbiner, war Oberrabbiner von Hebron, lebt in Jerusalem.

Rabbiner Meir Löw (Malbim), Bibelkommentator und Meister der hebräischen Grammatik, verband traditionelles Lernen mit zeitgenössischen Konzepten aus Wissenschaft, Psychologie und Philosophie, lebte und wirkte im 19. Jahrhundert in Osteuropa, war unter anderem Oberrabbiner von Bukarest und Königsberg.

Rabbiner Mosche Chaim Luzzatto (Ramchal), bedeutender Kabbalist, Poet und Philosoph, lebte und wirkte im 18. Jahrhundert in Italien und Amsterdam, zog kurz vor seinem Tod nach Israel.

Rabbiner Jacob Joseph Reischer, Talmudist und Halachist, lebte und wirkte Ende des 17., Anfang des 18. Jahrhunderts, war Rabbiner in Prag, Ansbach, Worms und Metz.

Rabbiner Joseph B. Soloveitchik (Rav), Talmudist und Philosoph aus einer berühmten litauischen Rabbinerdynastie, war prägende zeitgenössische rabbinische Autorität in den USA, Leiter des Rabbinerseminars der Yeshiva University in New York.

Rabbiner Schlomo Wolbe, berühmter Vertreter der Mussar-Bewegung (betont die Wichtigkeit ethischen Verhaltens), geboren und ausgebildet in Deutschland, lebte nach dem Krieg in Israel und unterrichtete in wichtigen Jeschiwot.

Kurzbiografien der Autorinnen und Autoren

Yizhak Ahren, Prof. Dr. phil., geboren 1946 in Jerusalem, lernte Tora am ›Gateshead Talmudical College‹ (England). Anschließend studierte er an der Universität zu Köln Psychologie, Soziologie und Philosophie. Bis zu seiner Pensionierung arbeitete er als Psychologe und lehrte sowohl an der Universität als auch im Rahmen der Synagogengemeinde Köln. Zahlreiche Veröffentlichungen zur Klinischen Psychologie und zur Medienforschung sowie über die Tora und über das jüdisch-religiöse Leben.

Jehoschua Ahrens, Dr. phil., geboren 1978, Studium der Judaistik in Ramat Gan (Israel), Budapest und Cambridge. Promotion und Habilitation (Verfahren eröffnet) in Luzern, Ordination zum orthodoxen Rabbiner in Israel; Research Fellow an der Universität Salzburg und Director Central Europe des ›Center for Jewish-Christian Understanding and Cooperation‹; davor Gemeinderabbiner in Sofia, Zürich, Düsseldorf und Darmstadt; Päpstliche Medaille von Papst Franziskus, R.-Chaim-Kossowsky Award for Academic Excellence, Bar-Ilan-Universität in Ramat Gan; Mitinitiator und Autor der ›Orthodoxen Rabbinischen Erklärung zum Christentum‹, 2015; zahlreiche Veröffentlichungen und regelmäßiger Gast in Radio und Fernsehen.

Noemi Berger, geboren 1947 in Budapest, wanderte mit ihren Eltern im Jahre 1948 nach Israel aus. Seit 1956 lebt die Familie in Wien. Studien im Fach Judaistik am renommierten ›Jews' College‹ in London. Ehemalige Vorsitzende der WIZO Stuttgart – (›Womens

International Zionist Organisation‹), der größten Frauenorganisation der Welt mit 800 Projekten für Frauen und Kinder in Israel. Für ihr Engagement wurde ihr das Bundesverdienstkreuz sowie die Otto-Hirsch-Medaille verliehen. Sie ist verheiratet und hat zwei Kinder.

Antje Yael Deusel, Dr. med., geboren 1960, ist Urologin, Mitglied im Klinischen Ethikkomitee der Sozial-Stiftung Bamberg und Rabbinerin der Liberalen Jüdischen Gemeinde ›Mischkan ha-Tfila‹ in Bamberg. Daneben ist sie als Lehrbeauftragte für Judaistik an der Universität Bamberg sowie an der Universität Augsburg und der Evangelischen Hochschule Nürnberg tätig. Die Rabbinerausbildung absolvierte sie am ›Abraham Geiger Kolleg‹ in Potsdam, mit Studienaufenthalten am Steinsaltz-Institut sowie am ›Hebrew Union College‹ (HUC) in Jerusalem, zusammen mit der wissenschaftlichen Ausbildung zum MA in Jüdischen Studien an der Universität Potsdam. Ihre Smicha (Ordination zur Rabbinerin) erhielt sie 2011 durch das ›Abraham Geiger Kolleg‹ (Potsdam).

Vyacheslav Yosef Dobrovych, geboren 1997 in Tscherkassy/Ukraine, ist Sozialpädagoge. Er wanderte 2001 nach Deutschland aus und machte 2015 sein Abitur in Osnabrück. Darauf folgten einige Jahre intensives Torastudium in verschiedenen Jeschiwot und am Berliner Rabbinerseminar, sowie Gemeindearbeit in mehreren jüdischen Organisationen. Stipendiat der ›Ernst Ludwig Ehrlich Studienwerk e. V.‹-Begabtenförderung (Berlin). Seit dem 17. Lebensjahr ist er als Autor für die ›Jüdische Allgemeine‹ tätig.

David Geballe, geboren 1981 in Buchholz, war von 2011 bis 2017 Rabbiner in Fürth. Seit Ende 2017 ist er Rabbiner der jüdischen Gemeinde in Duisburg.

Chajm Guski, geboren 1978 im Ruhrgebiet, studierte Sprach- und Literaturwissenschaften, gründete 1998 die Seite talmud.de für die Vermittlung jüdischen Wissens und der Digitalisierung jüdischer Quelltexte – unter anderem der deutschen Übersetzung des Talmud. Er bloggt zu jüdischen Themen und versteht sich als Beobachter der jüdischen Community für die jüdische Community, schreibt seit 2006 für die ›Jüdische Allgemeine‹ feuilletonistische, satirische und erklärende Texte. Podcast-Projekte folgten. Er ist verheiratet und hat zwei Kinder.

Diana Kaplan, geboren 1983 in Minsk, wuchs in Russland und Deutschland auf. Sie interessierte sich früh für Bücher, Sprachen und verschiedene Kulturen. Heute arbeitet Diana als Übersetzerin und schreibt gern Artikel zu jüdischen Themen. Sie lebt mit ihrer Familie in Antwerpen.

Netanel Olhoeft, geboren 1994 in Berlin, ist wissenschaftlicher Mitarbeiter am Lehrstuhl für Halacha an der ›School of Jewish Theology› der Universität Potsdam. Im Jahr 2020 wurde er vom ›Zacharias Frankel College› zum Rabbiner ordiniert. Er leitet akademische und private Lerngruppen zur Vermittlung von hebräischen und aramäischen Sprachkenntnissen sowie von traditionellen jüdischen Texten und betätigt sich als freier Autor. Ein zentrales Anliegen ist ihm die Vertiefung jüdischer Bildung in bestehenden jüdischen Gemeinden.

Stephan M. Probst, Dr. med., geboren 1968. Er hat in Heidelberg Medizin studiert und ist Facharzt für Innere Medizin, Hämatologie, Onkologe und Palliativmedizin und arbeitet als leitender Oberarzt am Klinikum Bielefeld. Dort ist er auch Vorsitzender des klinischen Ethikkomitees. Wissenschaftlich beschäftigt sich Dr. Probst mit interkulturellen Fragen des Lebensendes und besonders intensiv mit jüdischer Medizinethik. Hierzu hat er umfangreich publiziert, etliche internationale Fachtagungen organisiert und zahlreiche Vorträge gehalten. Auf Vorschlag des Zentralrats der Juden in Deutschland wurde er 2019 in die zentrale Ethikkommission bei der Bundesärztekammer berufen. Den Lesern der ›Jüdischen Allgemeinen‹ ist er durch seine Beiträge bekannt, in denen er sich aus jüdischer Sicht zu aktuellen medizinethischen Fragen äußert.

Avraham Yitzchack Radbil, geboren 1984 in der Ukraine, hat in Deutschland, England, USA und Israel studiert und erhielt seine Smicha (Ordination zum Rabbiner) von Dayan Ehrentreu (London) und Rabbiner Nechemja Salman Goldberg (Israel). Damit ist er neben Rabbiner Balla (Leipzig) seit dem Zweiten Weltkrieg einer der ersten zwei in Deutschland ausgebildeten orthodoxen Rabbiner. Nach seiner Zeit als Assistenzrabbiner der Synagogen-Gemeinde Köln und der zweieinhalbjährigen Tätigkeit in Freiburg, wechselte er 2014 nach Osnabrück, wo er die Stelle des Gemeinderabbiners für sechs Jahre übernahm. Seit 2020 amtiert Rabbiner Radbil als Ortsrabbiner der Synagogengemeinde Konstanz.
Er schreibt regelmäßig für die ›Jüdische Allgemeine‹ und andere deutsch- und russischsprachige Zeitungen und Zeitschriften in Deutschland und im Ausland, die über jüdische Themen berichten. Rabbiner Radbil ist verheiratet und hat vier Kinder.

Boris Ronis, geboren 1975 in Czernowitz (Ukraine), Rabbiner in Berlin. An der Universität Potsdam studierte er Jüdische Studien, Religionswissenschaften und Russistik (Slawistik). Parallel dazu absolvierte er eine Ausbildung zum Rabbiner am ›Abraham Geiger Kolleg‹ in Potsdam. Einen Teil seiner Ausbildung verbrachte er in Jerusalem an der Hebrew University, am Pardes Institut, am Steinsaltz Institut und am Hebrew Union College. 2010 schloss er seine Studiengänge erfolgreich ab und arbeitet seitdem als Rabbiner für die Jüdische Gemeinde zu Berlin. Er ist verheiratet und ist Vater von drei Kindern.

Konstantin Schuchardt, Dr. phil., geboren 1989. Er studierte zunächst Kulturwissenschaft an der Europa-Universität Viadrina in Frankfurt a.d. Oder und wechselte dann an die Freie Universität Berlin, wo er Judaistik, Semitistik, einem Zweig der afro-asiatischen Sprachen, und Geschichte belegte. Die Promotion im Bereich Jüdische Studien erfolgte an der philosophischen Fakultät der Universität Potsdam. Heute arbeitet er bei Zentralrat der Juden in Deutschland.

Penguin Random House Verlagsgruppe FSC® N001967

1. Auflage

Umschlagmotive: Talmud: © Moshe Chaim Katz – Adobe Stock.com
Obstschale: © scampdesigns – iStockphoto.com
Druck und Bindung: GGP Media GmbH, Pößneck
Printed in Germany
ISBN 978-3-579-07195-4
www.gtvh.de